《林凡集林》总目录

林凡藝林

林凡自署

目录

孤吹者的艺术交响曲

——《林凡集林》总序

李存葆

在我所接触的当今学人圈内，林凡先生既是我在军艺就读时所钦敬的师长，又是我近三十年来相知有素的挚友。每每与林凡相聚，我辄会感受到「芝兰同味，葭莩相投」的惬意，又能领略到「兰亭之会，竹林之欢」的超逸。

明年，林凡将喜迎八秩大寿。为展现这位书画大家在艺术盘山小径上的非凡攀登，中华书局拟在近期刊行三卷十部的《林凡集林》。近日，林凡将装帧考究、设计精美的「集林」模本一一置诸画案，赏读之后，我不禁击节称叹。洋洋大观、美不胜收的「集林」，既全面展示了集「诗书画」三绝于一身的林凡之卓荦峥嵘的艺术成就，又充分证验了林凡博雅深邃的艺术识见。其笔力、腕力、功力、识力，其才气、骨气、灵气、逸气，无不在三卷十部的「集林」中得以淋漓尽致的彰显。

林凡出生于向有「诗城」之誉的湘中益阳。益阳地处资水之滨，洞庭湖畔。巨浸大泽，葱茏胜境，不唯足以化育自然万物，也可陶冶世间奇才。林凡祖、父两代，均为湘中著名学者，书法高手。其祖父的小楷，工稳雅驯，是幼年林凡习书的摹本。其父亲是享誉湘中的教育家，乃百年名校益阳一中的创始人。楚韵骚风开启了幼年林凡敏而好学的心智，祖传的大量的经史子集及书画藏品，使林凡自小便萌动着醉心名山事业的远大志向。林凡八岁那年，父亲英年早逝，家道中落，为不辱门楣，少年林凡囊萤照书，口不绝吟。开国前夕，十七岁的林凡高中毕业即投身军旅。他凭着卓异的禀赋、超众的才情、坚实的诗书画「童子功」，先是在野战兵团当了三年的随军记者，继而便擢拔到广州部队一家刊物任编辑。一九五五年，他被遴选调京，成为总政所辖一家名刊的美编。他十九岁时即有画作入选全军美展，二十五岁就成为中国美协会员。一九五八年，正当他的艺术彩虹熠熠生辉、缪斯之神向他频频招手时，他仅因「卢布与人民币比值中国吃亏」一语而贾祸，被打成「漏网右派」，发配山西，一去就是二十载。

林凡先是在晋南太谷山中，与服刑犯人一起修筑水库，工程告成时，省文化部门有人见林凡提笔能语次崛崛，作画可镂月裁云，遂将这「右派」调至山西省晋剧院当舞台美工。斯时，曾是总政歌舞团著名舞蹈演员的妻子，也脱下军装，携女来晋。逆境常使寻常人难堪，厄运对艺术家来说，却是一个深不可测的宝藏。含垢忍辱、唾面自干的精神折磨，养儿育女的生活艰辛，前后两重天的人生反差，使林凡一度想从佛学中寻找心灵的慰藉。他曾有七绝一首，追忆其时的心境：「诵罢千经倦不支，青灯寒雨漏声迟。朝来自判禅机误，改课南华习楚辞。」林凡发现，在举世嚣嚣中，想用佛学泯灭凡心，只不过是一个懦弱的企图，唯有艺术才是他超脱世俗的不二法门。

地方戏曲，集诗词、音乐、舞蹈、绘画、服饰、脸谱等诸多艺术元素于一身，常是地域文化中最瑰丽的宝石。身为晋剧院的美工，林凡对这些美的因子，可随时汲取。加上剧院经常下乡巡演，使得林凡能遍游山西大地，对三晋的山川风物、文化遗存，了然于胸。林凡过人的美术才华，又很快在晋剧院兀露圭角。他绘制的布景，色彩流韵，生动浑成，竟使得剧院里三个毕业于全国名校、科班出身的美工成了他的业务助手。但面有「黥记」的林凡，仍受到擅搞阶级斗争的某些人的歧视。君子能忍人所不能忍，能容人所不能容。嗜书如命的林凡，已将艺术视为生命的方式。他如同黄土高原上躬身垄亩的农夫，只知耕耘，不问收获。他宛若湘中水田畔边的鹭鸶，不再低头顾看脚下的泥淖，而在凄风苦雨中精心梳理着洁白的蓑毛，希冀有朝一日，能振翮亲吻艺术的蓝天。

艺术最深刻的美质，历来都植根于各自地域文化的土壤里。楚吴文化的玄思与妙想，缠绵与悱恻，放诞与纤丽；秦晋文化的浑厚与质朴，高亢与悲壮，峭拔与刚健，必然会在有着湘、晋两个故乡的林凡身上，不断地掺和、交糅、渗透和关照，遂渐次形成了林凡艺术凄恻委婉、深沉苦涩、形美质实、外柔内刚的总体格调。

理性晕眩的「文革」结束后的一九七八年，林凡被召回京，重穿军装，执教于解放军艺术学院美术系。解除了捆绑心灵的绳索，撤走了连梦境都有监视的「政治岗哨」，林凡舒眉展眼，喜难自胜。表面上意态晏晏、温文尔雅的他，胸膛里却有着一个翻腾的「艺术之海」。山西二十载的情感的酝酿、汇聚与储备，一旦闸门洞开，情感的雷与电，必将会引发出林凡一场接一场的艺术豪雨。

三卷十部的《林凡集林》之「美术卷」，由其工笔风景、工笔人物、写意梅花和书法艺术等四集本组成。一一展读林凡「美术卷」，我想有识之士定会发出这样的喟叹：只有大家巨子，才能有如此高深的书法造诣；

只有奇才妙手，才能使不可名状的雅韵流溢于画幅之中。

精勾细染的工笔画与畅怀写意的水墨画，共同谱写了中国美术史。唐代的工笔人物，宋代的工笔花鸟，都曾有着后人难以企及的辉煌。但自文人水墨画发轫于宋，历元、明、清三朝，长期独执画坛牛耳后，工笔画却从峰巅跌落，日见式微。至清末民初，陈陈相因的工笔画，竟被文人雅士打入「自媚、媚人、媚世、媚俗、媚商」的「艳科」之列。上世纪八十年代，变革国画的呼声日甚一日。生活中常犯迷糊、丢三忘四的林凡，对艺术却是一丝不苟。即使在睡梦中，其敏锐的艺术神经也仿佛醒着。他同当时工笔画界的耆宿、声气相投的侪辈、才华初展的俊彦，共张艺帜，联袂组建了当代工笔画学会。林凡作为执掌业务的副会长，以自己的瑰意琦行、别具一格的创作实践，成为工笔画界的一员骁将和领军人物。

叛逆精神是人类进步的最活跃的因子，也是一切艺术创新的助产婆。在工笔风景画创作中，林凡敢于挣脱前人绳墨，他以金农的「难谐众耳，唯擅孤吹」一语自勉，以自题自刻的「堂堂小子」和「妙在渺小」两枚印章自励，以自定的「小格局、低角度、窄视野」为作画信条。他笔下描绘的常是小草、小花、小溪、浮萍、苔藓、葛藤、野苇、顽石和碧潭。除鹭鸶作为美的精灵，多次出现于画幅中，林凡鲜画名花、珍禽、走兽、高树、奇峰等被古今画家写烂了的物象。林凡极喜画树根，绝少画树冠。抑或有着那段「不许昂首，只能俯身」的人生阅历，他才倍感无名花草和石头的可亲可爱，他才能从常被画家遗忘的一隅一角里，开掘出独有的美。

林凡的名作《碎梦浮春》里，一泓清冷澄澈的春水，几乎占据了整个画面。水下的大小石块错落有致，历历可数。露出水面的一大一小、一高一低之两石，其上的深皱浅褶、细理粗纹，清晰可辨。水畔石侧，是簇簇低矮的苇丛，苇草新叶初抽，攒攒挤挤，比肩争头。而去冬那淡黄色的残叶，还傍依在苇丛根部。碧翠的浮萍，片片点点，飘洒在水面，尽情地享受着生命的快感。这里虽没有春花争艳，蝶舞蜂喧，却更能传递出浓郁的春的讯息。片片苇叶是美的萌芽，点点浮萍是春的启明星。这里的顽石也仿佛有了生命，它们的心灵也同样连结着日月星辰。

林凡写山藤的画作有多幅，最令我怦然心动的当属《谷音》。画面上，两座刀削般的百丈危崖兀立，间隔仅一线之天。植根于石隙间的条条山藤，紧贴在两片峻峭的绝壁上，相衔相接，相扶相挽，挣扎、突破、伸延、挺进、攀援而上，直至崖巅。山藤如同林凡笔下常写的小草一样，它们纤细里充溢着坚韧，柔弱里蕴含着刚毅。《谷音》无疑是一首无声、无畏的歌，是一支铁流似的生命进行曲。

林凡的巨制《海岸无风》更令我撼魂摇魄。画面上，远处的碧海波澜不兴，近处是十余株低矮的松树。它们根扎在生命绝难存活的坚硬岩石上，因长年累月遭受海风袭击，树干已被扭曲，树身统统朝同一方向呈半倒状，树顶则像女子的墨色长发顺风纷披。额题《海岸无风》，却更能使读画者领悟到闪电雷霆交织下的大地的颤抖，风魔的暴戾。这里的松树，那种以抗争的天性、不屈的定力，牢牢攫住岩石而生存的倔强，呈现给人们的是倒伏的生命与不倒伏的灵魂浑然一体的生命奇观。

芥子须弥，微言大义；管窥蠡测，尺幅乾坤。「堂堂小子」林凡于「妙在渺小」的视觉转换的叛逆中，开辟了一片振奇拔俗的艺术大天地。

林凡的工笔风景，构图精巧别致。画面或遮蔽或除却天空，多绘平视地面景物。构图常是三边三角俱实，甚至四边四角皆满，很少留白，且惜白如金。无论工笔还是写意，国画重视留白，最忌图满。图满则容易使物象无章，线条无序，色泽淆乱。但读林画，则觉画面无一赘疣，无一蛇足，虚灵飘逸，韵味无尽。

林凡所以能「于无佛处称尊」，是因了他在艺术创作中不蹈故常，独出机杼。林凡在构图时，对描写物象疏密布局有致，虚实对比相宜，线条缜密，繁中有序。林凡用色，亲绿疏红，偏爱隽冷的色调，极少用朱砂涂染暖色。林凡常用泉、溪、瀑、塘等景物替代「留白」。这种留白，不仅成了画面虚灵通透的窗口，也成了画中景无尽、意无涯的「龙脉」。林凡的深得画界激赏的《山风瑟瑟》，仅用半池暗黄色的秋水，几片绿意未退的秋草，几簇叶见枯白的野竹，再加一石一鸟，便营造出仙山瑶池似的氛围。斯图代替留白的仅为兀立赭石的鸟之白脯。这弥足珍贵的留白，无疑是值得观画者反复回味的「诗眼」。

林凡作画，尤重立意。他以为画家的「调高、格高，皆缘于意高」。林凡本色是诗人。林画的意高，盖缘于诗的滋养。林凡醉心屈子，酷爱三李。三李中，尤钟情鬼才李贺，且有专论李贺诗的文本行世。他对湘中益阳乡党、晚唐禅僧诗家齐己，也推崇备至。由于青睐禅诗，他不惜费工耗时，与艾若先生领衔主编了洋洋二千四百万言的皇皇巨制——《中国历代僧诗全集》。林凡对中华历代才女诗，也分外垂青；他独自选编了《中国历代妇女诗词名作》。林凡那以书为骨，以诗为魂，以造化为美，有着天机禅意的工笔风景画，是诗与画的「慧心潜通」。

诗由人类梦幻演变而来。空灵与和谐，是诗的生命。诗不是人的某一感官的享乐，而是全感官乃至超感官的精灵。美的画和好的诗，都是迷醉人心灵的智慧晶体。

林凡髫童时代，对湘中那推窗可见、站定于稻田畔边的鹭鸶十分神往，至晚年那娇娇美者的影像，仍

不断在他记忆的屏幕上回放。鹭鸟，颈纤若琼钩，足癯若碧管，羽洁若霜雪。因它风采标致，仙韵飘逸，被历代诗家雅称为「风标公子」、「雪客」、「雪衣儿」(亦谓「荻塘女子」)。林凡之《寒潭吟》、《溪风》、《高秋》、《天光云影》等多幅工笔风景画作里，均仅有一只白鹭独立其中，；尽管这「风标公子」在画中所占的空间很小，但它给我们衔来的却是或苦思或苦恋或苦吟或凄凉或孤寂的无尽情思。《寒潭吟》是林凡复出后的早期作品。画面上，黛青色的小山旁，那纵横交错、盘结扭曲、酷肖枯木的树根，占据了画的中心；一只鹭鸟，寂立于密匝匝的树根下的墨绿色潭边，凝睇着眼前的一切，似在思索，似在等待，似在伫候。《天光云影》里，独立水畔的「雪客」，被春日的青石、古榕所挟裹，一小片天光云影从遮天翳日的枝叶间投来，身栖圣景中的白色精灵，颈高伸而头微昂，似在幻想，似在希冀，似在企盼。冥冥之中，景鸟合一。

林凡有着颇为曲折的情感经历。「文革」中和重返京都后，曾有过两次婚变，生活的孤苦和心灵的孤独，曾长期与他如影随形。孤独，是人类永难破译的心灵密码；孤独，更是诗家的天性。我认为，林画中多次出现的独鹭，就是林凡本人。林凡的鹭鸟如同夜莺，无论是在万籁无声的深夜，还是于残月在天的黎明，它都能以婉转清扬的歌声，唱出人生况味中的各种孤独。

情感，是诗人与画家创作时的一种主要元素。没有情感，断然写不出妙诗名画。开国之初，林凡与天姿掩蔼的军中美人王影，同在广州部队文化部门供职，也曾数度同游粤中名山罗浮。才子佳人，风华正茂，难免各怀倾慕之心，后天各一方，缘悭一面。上世纪九十年代初，喜写散文诗的王影和林凡邂逅于京，迟暮之岁，喜结连理，情同梁孟，和如琴瑟。近些年来，林凡写双鹭同栖一枝的工笔风景画竟有六幅之多。《松风相挽》中，山巅上仅有古松一株，树身若巨蟒蟠曲，鳞干针叶，青黛凌霄。「风标公子」与「雪衣儿」，并立在老松的枝桠间，含情脉脉地眺望着远山；它们身后，明月皎皎如盘，高悬碧空，银辉泻野。斯情斯景，既饱蕴「天涯共此时」之意，又富含「莫愁西日晚，明月解留人」之情。《霞影》更是一帧造景遥深的创制。绿苔、流瀑、霞石之上，是遒劲苍老的树根，两只息息相通的白鹭，栖立于铁干似的树根顶端；它们面前是浩浩江水，江对岸的苇草绿意森森，远天的落霞余晖未尽，而那漫天的霞粒，如珠若玉，飘飘洒洒……望着这隽妙清逸的画卷，很容易使人想起东坡居士那「唯有飞来双白鹭，玉羽琼枝斗清好」的诗句。阮籍诗云：「丹青著明誓，永世不相忘。」《松风相挽》、《霞影》这两帧被美术评论家推崇的佳什，我以为应是林凡写给王影的爱情诗篇。

科学和艺术都企图接近上帝的秘密。如果说科学是最严谨和最合理的猜测，那么艺术则是最形象有时

又是最无理的想象。平庸的画家机械地模仿着世界，优秀的画家深刻地解释着世界，杰出的画家自由地创造着世界。我曾看过林凡的累箱盈箧的写生稿，其写人物，穷形尽相，神完气足；其摹山水，曲处下笔，回旋顿挫；线条之妙，堪称国手。但林凡与诸多画家不同的是，他作画从不以写生稿为粉本，而仅当做诱发灵感的酵母。林凡画柳，似柳非柳；林凡写榕，若榕非榕，人称「林凡树」。林凡在《山藤》一画中有跋语告白：「余所画者，花不知何花，草不知何草，树不知何树，而此画之藤，亦无名山藤也。」林画以形美为重，具象唯形美而役。他亲近、亲睇、亲察、亲历、亲写过的山川风物，均不过是他自由幻化、组合成画境的图式化符号。

藏族有歌曰：「高山的湖水，是躺在地球表面的一颗眼泪。」林凡工笔风景之《三思图》、《御沟春》中的溪，《弄风》、《绿萍碎语》中的潭，乃至写北方山水《暮秋》中的山下之湖，《秋雁》中的塬下之河……无不静若处子，湛蓝凝碧，酷似藏区才有的「海子」。林画中的这些「海子」，像是上苍用最原始的泪珠汇成，像是造化最纯乎其纯的情感的流泻。林凡的画作里，还多次出现恐植物学家也难命名的低矮植物。它们或偎依岩边，或挂诸石壁，或兀立草丛，或站定溪畔。读画者远观近视，都枝叶难分；唯见团团幽蓝，耀睛辉目，美得令人心颤。它们是青蓝还是碧蓝，是靛蓝还是宝蓝，是士林蓝还是海军蓝，我说不出。只觉此物只应天上有，人间难得几回观。林凡的《春水方生》、《微雨引泉飞》、《罗浮溪》等工笔山水，也都是画家对稔熟之物象，经过心灵的消融整理后，才幻变出的巨制。读来亦实亦虚，亦真亦幻，如梦如歌，如诗如禅，使人似临圣地，若入仙苑，五内疏瀹，精神澡雪。

投身军旅任刊物美编期间，林凡便对人物画潜心习研，谙熟了人物画素。「美术卷」中的《林凡工笔人物》，描绘的多为历史上的雅士才女、美媛丽姝。其中，状描李白诗意者，即有二十五幅。唐代诗豪白居易云：「李之作，才矣奇矣，人不逮之，索其风雅比兴，十无一焉。」欲将旷世诗仙李太白的诗境，用画传递得其味无穷，可谓艰矣难矣。林凡凭着对李诗的独到感悟，在画幅里既能达意又意在画外。其《子夜吴歌》、《渡荆门送别》、《夜泊牛渚怀古》等力作，均能追李诗之风雅而造其境。喜读僧诗且喜绘历代国色天香的林凡，曾被友人谑称为「情僧」。其笔下的王昭君、杨玉环、严蕊及女性菩萨等，既脱胎于敦煌壁画，又融进了林凡心仪的女性美。林凡之五十余米长的《百女游春图》，是他历十载艰辛始杀青的罕有长卷。斯图受杜子美《丽人行》一诗之启迪，独出心裁地描绘了上林女子踏青时的情景。无论是深宫后掖中的妃嫔、婕妤、女史，还是才人、宫娥、采女；无论是达官侯门里的嫡配、贵妇、侍妾，还是小婢、侍女、丫环，皆走进

了林凡的画卷。她们或宴饮或对弈或联诗或射箭或蹴鞠或嬉戏或听鸟捉蝶……这些深锁于深宫大宅的女子，天性一旦得以释放，无不尽情地享受着春的爱怜，春的抚慰，春的芬芳。尤其是那些天生丽质、如花如朵的少女，更是恣意展示着春光般的活力，春花般的烂漫，春色般的妩媚。林凡服膺诗僧齐己的名句：「逍遥非俗趣，根本属风流。」从林画中那些虽着唐装虽是唐女的佳丽之举手投足、一颦一笑里，我们似可闻到当代妙龄女子的气息。「美色不同面，皆佳于目；悲音不同声，皆快于耳。」长卷中被林凡理想化，具有林下之风的百余名唐女，其女性的柔美、娴雅、秀逸，被描绘得惟妙惟肖。作家艾若先生盛赞斯图是林凡「神游太虚的艺术幻化」，我深以为然。

一九九五年孟春，林凡偕王影客居扬州。某日，天降大雪，瘦西湖畔，白毯铺地，粉塑千树，石似晶铸，竹若玉雕，俨然一银色童话世界。林凡、王影牵手赏雪，行至廿四桥时，忽闻阵阵冷香袭来。凭栏观望，但见不远之石坡上，一片片腊梅，宛若一匹匹黄灿灿锦缎，飘浮于湖光山色里。趋前视之，只见纷扬的雪花落于腊梅那嫩黄的花蕊之上，梅朵颤颤巍巍，通体透亮，散发着玉蕴山辉般的光莹。「乾坤有精物，至宝无文章」，眼前的任何语言亦难以表述的梅景，倏地引燃了林凡灵魂深层埋藏的爱梅底火。自此，林凡画梅一发而不可收，日就月将，迄今已写梅逾千帧。

林凡写梅，总是让梅树统摄画面。常用以衬梅的石、草、泉、溪、瀑五种「傧相」，随图意而选，鲜过其三。林之梅花，巨干粗枝，横斜旁逸，高低穿插，构图绝少雷同。他喜写白梅、黄梅，也写绿梅，偶画红梅，也不追红逐妍。林之梅图，比之其工笔风景，已注重留白，强化笔墨，趋于写意。林之梅花，看上去花团锦簇，但繁密中见疏朗，清丽中见淡雅，被画界誉为打着林氏印记的「林梅」。林凡写梅挥洒自如，得心应手，是因了他对梅诗、梅词、梅典乃至梅花传说的博览贯通，这就提升了他笔下的梅情、梅调、梅品和梅格。

林凡的梅图，既有宽银幕似的长帧巨幛，亦有阔不盈尺的斗方小品。最值得一提的是，他历五月始绘就的鸿篇巨制《乾坤万里醉寒香》。此画长十四点五米，宽二点六米，现已悬挂于军委八一大楼之迎宾厅，实为当今京都殿堂画的创制之最。两难俱，六美并。该图一反林凡「窄视野」的写画理念，集工笔山水与写意梅花于一体。画面上，白鸽与黄梅相媲美，溪瀑与江流相亲吻，奇石与高树相拥抱，既显辽阔邈远，又见华滋澹逸。

「画贵有静气」，这虽是山水画大师黄宾虹作画的五字诀，却绝对是衡量一切中国画的关键。细检林凡

之工笔风景、人物及写意梅花，画面都显得那样静谧。「静」是一种大美，在喧哗与骚动连空气中也弥散着物欲气味的当今世界，林画可开豁尘襟，让我们找到一片平慰浮躁心灵的栖息地。

诸多美术评论家认为，在林凡的艺术中，其工笔风景画和其行书，是他独创的两个「艺术符号」。近二十年来，林凡的书法大行天下，已深为藏家及书法爱好者所宝重。林凡自小便从颜真卿、何绍基入手，受过严格的磨勘藻厉。长成之后，他对甲骨、金文、汉碑、晋帖，均进行过深入的钩稽习研。唯有掠百家之美，方可成一人之奇。林凡篆隶真草皆工。其篆书严整、细腻、典雅，既得远哲前贤之精髓，又能力标一格。最能代表林凡书风的应是行草。林之行书，穷求布局，于均衡对称中，又多富变化。笔墨雅洁清脱，皭然不滓。字的大小简繁，相间得体，争让得宜。林之行书，铁画银钩，瘦中储秀，柔中藏刚，回旋缠绕，逶迤婉转，透着其画中的藤味石韵，有着愕愕然不可侵之风骨，凛凛然不可夺之风神。林之行书，不需详审，一睹便知是「林体」；因其笔画变化玄奇诡谲，极难模仿，赝品绝难混迹于市。林凡的书法有着醇厚的书卷气。我从其疾徐顿挫、恣纵摇曳的行书中，常感到有旋律在跳跃，音节在律动。林凡的行书，是附诸于形的歌，亦是附诸于形的诗。

我以为，林凡的艺术有三个精神支柱：一曰渊博，二曰睿智，三曰童真。林凡古今中外美学、美术藏书之多，令我咋舌。仅西方古典及近代各种流派的画册，就摆满了两大书橱。林凡博极群书，他读老、读庄、读易、读兵、读佛、读史、读诗，文史哲无所不窥。睿智使林凡不读死书，不钻书袋，登堂入室，进出自如，揽天下奇珍于襟抱，神而化之，变为自己的器识与才具；这便使得林凡的艺术绝傍前人。童真常是艺术涌动的命脉，更是艺术家惊异力、想象力的辅翼。一两重的童真，超过一吨重的小聪明。童真使林凡这个「老顽童」艺术不老，常葆有一颗求知心、爱美心。

楹联是向为国人喜闻乐见的传统艺术。即便在国学氛围日渐萧疏的当今，附庸风雅写联作对者，亦多如过江之鲫。但能因人、因事、因情、因景撰得上佳楹联者，却寥若晨星。林凡复出后，迄今已自撰楹联逾三千副。「文学卷」中之《两行诗》一书，即为林凡楹联艺术的拔萃之作。林凡的楹联，立意高雅，情文双具，设句破典，常是「天机云锦用在我，剪裁妙处非刀尺」。我山东蓬莱一喜酒乐诗的文友和济南军区一戎马大半生、现已赋闲的老首长，皆心仪林凡楹联书艺已久，托我向林凡求对联，以辉厅堂。我向林凡略述两人之身份，林凡边铺纸边思索，俄顷写就。赠前者联为「东海神仙朦胧万古，上林豪士慷慨三樽」；遗后者是「知觉人生，烟云舒卷；醍醐心境，星月玲珑」。此两副楹联，遣语惬当，不流凡俗。「文革」刚

结束时，林凡写自我心境之「谁道冥顽，千秋历劫；我称灵秀，一枕长安」、「几处残碑留客少，一春愁思比花多」等联；近年借秀丽之景色，抒心中之幽情的「几片落花漂曲沼，一春好雨湿青泥」、「幽梦三生，疏影销魂处；孤芳一树，清香细雨中」等联，无不熔心境、画境、诗境于一炉，读来饶有趣味。一九九六年春，山东莱阳举办「梨花节」，恭请林凡以咏吟梨花为题，展示其楹联艺术。林凡逸兴遄发，吮墨挥毫，自撰自书，于半日之内援笔写就——「白雪精神在，春风眉目新」、「素心无浊梦，时雨启春华」、「明月有谁论价格，幽花无色独鲜妍」等楹联计四十六副。林凡才思之敏捷，犹如不羁之马，令睹者扼腕嗟叹。

林凡学诗，始于总角之岁。成年后不管浮沉进退，皆不废咏吟。林凡深谙为诗之道，其诗远离直白，羞于阐释生活、图解政治。诗是人类从痛苦心灵中流出的蜜汁。「四人帮」刚被粉碎时，林凡作七律一首，诗中无一政治词语，其中「十年眸子失灵光」、「过敏神经难入梦，荒唐故事听来香」等句，一时为京都文化界朋友所乐道。一九六六年前，林凡自吟自娱，曾写有七律五百余首，「文革」中被查抄后付之一炬。「文学卷」中之《罗浮吟》诗集，均为林凡复出后写下的七律。粤中名山罗浮，是昔年林凡、王影放飞青春，储放爱情梦幻的地方。《罗浮吟》当中，有百首七律，是林凡在古稀前后写下的爱情诗。林凡的所有诗作，都能用心灵感受去吟哦生命的意义和生命的光彩，将身内的霓虹同身外的霓虹连成一片，在婉约中散发着清丽淡雅之美。

近三十年来，林凡有百万言文论行世，其「史论卷」中的《孤吹集》为艺术随笔；其《北派山水研究》乃画论专著。林之随笔，娓娓而谈，历史掌故，信手拈来；林之画论，「论如析薪，贯在破理」，灵机透发，精言迭出。宋人张择端之《清明上河图》，是我国绘画艺术的宝中之宝，原本现珍存于故宫博物院。世界及国内各博物馆所分藏的百余幅《清明上河图》，多为清人摹本。三年前，林凡从民间藏家手中发现一《清明上河图》，凭其法眼，断定斯图为摹本中的珍品。他历时一年又六月，从卷帙浩繁的美术史料中，爬罗剔抉，搜遗辑逸，言之凿凿地断定斯图为元代高手所摹，并大含细入地写出《〈清明上河图〉元本初证》之专著。这是林凡对中国美术史研究的一大新发现。

灵感从不拜访懒惰的客人。林凡凭着坚韧不拔的探求，铁砚磨穿的勤勉，在诗、书、画、论四片艺术园林里自由徜徉。作为艺术「孤吹者」的林凡，其手中的一支香笔，竟如同交响乐团指挥家的双手，于频频挥动中，奏出了雄浑的交响乐章。

良知，是人类心匣中最为宝贵的珍珠；良知，更是艺术家心灵杯盏中最为圣洁的玉液。心慈怜瘦草，

情真惜柔藤。我们从林凡艺术里，处处可窥见他悲天悯人的情怀。生活中的林凡，虽有生性懦弱、轻信于人等弱点，但他心地善良，极富社会良知，常有济危扶困、公忠体国之举。

第四届世界妇女代表大会在北京召开之前，林凡将自选的《中国历代妇女诗词名作》中的一百一十二首诗词，悉数以行书抄之；在王影的倾力襄助下，自费用宣纸印刷成万余册精美线装书，作为礼品分赠与会代表。同时，林凡、王影又将这些诗词行书，请高手分别镌刻于珍贵紫檀、花梨的木屏上，计二百二十四幅，作为国礼，馈赠诸国妇女政要。此等义举，一时为书画界传为佳话。乡土情结是人的重要情愫，故乡如同胎记，深嵌在每一个人的肌肤之上。一九九一年，益阳白鹿寺院欲立一「齐己诗碑林」。林凡笔下含情，纸上纵毫，一介不取地完成了故乡文化界这一宿愿。一九九五年前后，林凡在益阳两度举办「咏竹诗联书法」个展，他竟将个展拍卖所得全部捐献，为故乡建了两座希望小学。天安门城楼、紫光阁等重要楼堂的管理者，都曾盛邀林凡作画。林凡不惮劳神费力，总是将上佳的工笔巨制奉上。二〇〇〇年《乾坤万里醉寒香》一图告竣时，有藏家欲以千万巨款购之，林凡、王影毫不为金钱所动，坚意将斯图奉献给了军委八一大楼。

二〇〇七年，经民政部报请国务院批准，「当代工笔画学会」更名为「中国工笔画学会」，并隶属于中国文联，林凡当选为会长。当下工笔画界，大家名流，云辉星灿，林凡被公推为会首，这既是画界同仁对他艺术成就的高度认同，又是对他二十余年来推毂于前、戮力引领工笔画发展的一种首肯。

白驹过隙，流年似水。林凡艺术早已腾誉域内海外。昔年我初识林凡时，他虽年已望六，但脚轻步捷，风神俊爽；如今我眼前的林凡，已是白发照眼，步履蹒跚。但一个在迟暮之岁，仍常写爱情诗的他，心还是年轻的。林凡现正处于动墨横锦、摇笔散珠的艺术创作的巅峰期。他虽已近杖朝之岁，但我们仍有理由相信，凭着他那颗年轻的艺术之心，定会在他的艺术园林里，不断结出更多的心灵圣果。

二〇一〇年七月八日于济南

林凡「切」梅

王影

近两三年，林凡画梅很多，大小繁简，多达百帧以上，其中有些是长帧巨幛，是些颇费时日的大作品。而且，从艺术上讲，他的画还有越来越精彩的趋势。最近，林凡将再一次举办画展，并出版包括他各个方面成就的（林凡集林）。当然，他的当行本色是工笔画，品评的人很多，像早几年画的《山风瑟瑟》、《御沟春》、《晓风》和《高秋》都是脍炙人口的好画，最近完成的《海岸无风》、《五月萍开》、《永恒的节日》等，又都在原有的画风基础上，有新的展拓。《海岸无风》这幅画是取材于美国西海岸风光，「海滩松树，一律逆海纷披，明明无情的海风扭曲了松树，而画题则为《海岸无风》，寓意实深。」（艾若语）这确实是一幅富于东方精神的西方风景画！因此，画展的设计者把它列为画展的主旨作品。招贴、请柬、画册和作者简介，都用它。

作为工笔画家的林凡，怎么会画起写意画来了？怎么会「切」入梅花呢？我就习知的情况，来聊聊林凡「切」梅，也许能聊出些新的文化品位和美学观念来。

林凡最早画梅，是在中学读书时受李伦先生指导进行的。李老师教他们怎么穿枝插干地画树身，怎么攒三聚五地画梅花瓣。画成以后又怎么到后园子里去对照写生。这种过程，大概是所有新学画梅的人都经历过的。但几十年

下来，林凡把人物、山水奉为正宗，把画梅当成创作副业了。只是在一九九五年，我和他去扬州瘦西湖赏梅，才重新激发起他画梅的热情。记得那天扬州正下鹅毛大雪，我们冒雪冲寒，踏着齐脚脖的雪去探梅。别的梅花，还只是新绽花蕾，而廿四桥附近的腊梅却在雪中怒放，雪压在嫩黄的花朵上，花朵颤巍巍的，通体透明，散发出一种沁人心脾的冷香。当时，我惊奇地叫起来，仿佛第一次深刻地认识了梅花，找到了梅花的定位！后来林凡写了一首诗，记述了这次探梅：

瘦西湖上踏琼瑶，拥雪凭栏廿四桥。
一瞥罗浮惊艳绝，比肩寒雁顿魂销。
书橈画舫留金郑，歌扳吟囊太寂寥。
伤心湖畔河边柳，无复迎鸾奏九韶。

本来梅花的别名是「罗浮仙子」，林凡早就把他近年描写个人生活的一组近百首的七律组诗，题为《罗浮百咏》，那是纪念我们共同生活过的广东名山罗浮山才定题的。在史书上，以罗浮为名的山很多，但最著名的是增城的这座粤中名山，向有仙岭之誉，相传东晋葛洪就得道成仙于此。山中盛产梅和荔枝，林凡最喜爱的水果是荔枝，最喜爱的花是梅花，且谐音、含义都十分丰富。因此，就把诗集题为《罗浮吟》，却没有想到梅花的别名是「罗浮仙子」，真是妙合无间，于是他把「黄梅」改为「罗浮」，这就更加重了这种幸福、神秘、深邃意念的表述。至于「比肩寒雁」就是说我当时的神态。

自此之后，林凡就一改常习，「切」入梅花，研究起梅花，画起大量的梅花来了。林凡告诉我：腊梅虽然和普通梅花在植物学上不同科，但和一般黄梅混同了。腊梅分好多种，有素心腊梅、磬口腊梅、九英腊梅……可林凡不顾三七二十一，通通画成一样。林凡尽管常常丢三忘四，却不是马虎人。他不光画画，还凡事都当成学问去研究。他是地道的画家，他关心的是描绘物象的整体情致，不去作植物学上的考证。他研究的是人文方面的，是诗方面的，是美方面的问题。这几年，他在传统文化的库藏中，梳扒关于梅花的诗词、关于梅花的故事、关于梅花的传说，整天忙乎，积攒了很多很多。关于梅花的技法，也探求好多好多种。听说哪里有梅花，就立马去看。功夫下得深了，自然有收获。他深入肌里，却不学究气。他对于梅花神韵，似乎摸得很透。这就奠定了他日益有所不同的长足进步。

在戏曲里，自报家门，虽然很好笑，但人们习惯了，就约定俗成，成了程式。林凡可从不「此乃红梅也！」「此乃绿梅也！」林凡一贯欣赏古典诗话、词话中的「诗有题而诗亡，词有题而词亡」的论点。他说：如果在邓尉看到一株梅花，写下来，说：这是「邓尉梅」；在西湖看到一株梅花，写下来，说：这是「西湖梅」！而独独忘记了梅的清幽高雅，那有什么意思？古人有各种咏物诗、咏物词，一般有两点要求：创作咏物诗词，首先是要求「切」，然后又要求「不切」，最高明的才是「不即不离」。林凡又加了四个字「无悖无脱」。我认为林凡在这方面是甘苦自尝，深有所会的。他说：「研究得细，画得要粗；观察得深，表现得要透；破门而出，是对的；而关键是破门而入。」林凡有一方闲章，印文「破门而入」，就是提醒自己要做「破门而入」的功夫。不然，迟早总会游离在文化艺术的「场」外！所以他总是欣赏无题诗，词则只写词牌子，不写题目。这虽然有些极端，但究竟是不即不离，「无悖无脱」！艺术就是如此。

在传统文化观念上，中国艺术是最善于在寓意上作文章的。什么画菊花表示傲风霜，画荷花表示出污泥而不染，画竹子表示虚怀，画松柏表示节操，画梅花当然寓意就更多了。林凡不完全看中这些寓意，他甚至鄙夷那种「举世皆浊，唯我独清」的心态。与其说这是文学上的，不如说这是艺术形式上的；与其说这是世俗观念上的，不如说这是艺术气质上的；与其说这是浮华的意象，不如说这是彻及骨髓的内蕴。而内蕴可不是借用、铺排、装点得成的。林凡工书，他是以书入画的。在所有花木的描绘中，再没有比梅花那么需要书法的笔力了！这是林凡爱梅的第一义道理。况且，在扬州看到的雪梅，对我、对林凡震撼很大，我们自扬州之旅后，就好多次谈到这件事。林凡觉得梅花远不应认为是岁尾开花，梅花的生活环境艰辛肃杀，瑟缩、沉郁，是领先于春，在严冬中拔出春意来的。梅之于人，不能只是感情上的沉沦枯寂，而是气质上的激扬、引领。它是先于牡丹的万花之魁，是真正的「迎春之花」。在这层意思上，特别促使林凡这个

一生坎坷而永不衰疲的艺术家在创作上极度亢奋。他画的梅充满了诗意，但确实是质朴的，他从不希冀说自己的梅花每个花骨朵都是天生的红色的血蛋蛋，是欺风斗雪的英雄化身，林凡的梅花不神，气质上是清宁的、孤寂的，就和他这个人一样。

眼下，画梅的人很多，有百梅图、百梅展，梅谱，梅卷、双清、四雅，不一而足。稍工者还标举为「梅王」、「梅圣」。可我问过很多朋友，收藏家和素不相稔的观众，他们认为最使人有情感上认同的梅，是没有游离于传统精神之上，又没有跳脱于时代观念之外，是不即不离，无悖无脱，融二者于一体的作品，这才是梅之质！

在历史上，古人画梅，勾花点蕊的居多，像宋人的傅粉梅花小品，是很有神韵的，但为数很少。古人不直接用色彩作梅，大概颜色精贵，质量不过关的缘故。至于像晚近这样把梅花画得碗口大，艳灼灼的红彤彤的一大片，显得燥，肯定和梅品、梅格、梅情、梅调不搭界！我认为在美学上有些简单的技法表现问题，也应该探讨探讨。为什么梅花可以适度放大、缩小就美，但放大成荷花、牡丹那么大就不美？为什么漂亮的眼睛可以适度放大、缩小，但放大到失衡就会感到恐怖，感到像科幻画、广告画和生理挂图？艺术还是模糊些好，含蓄些好。

林凡「切」梅，一层意思是介入，一层意思是他自己杜撰的这个词。由于是杜撰，所以他读得很绕，我虽然是搞电影的，但他侃的某些似乎有些玄的杜撰的理法，仍然一点就通，一戳我就明白。林凡侃的画梅的「切」，实际上是每幅作品的剪裁、构架，应该怎样利用东方情调的空间分割概念去处理就会无往不合。而这仿佛正是林凡的优长。画面的构成，线的运动方向，线的画面相「切」所产生的角度规律以及与之相反的失衡现象，都是说起来玄，做起来难，而在欣赏时，最容易忽略的问题。

林凡画梅是先立枝干骨架的，他选择很严，立骨架时，废品很多。有一次，他一口气画了二十多幅「骨架」，摆满一地。一位青年朋友突然闯进来，一看愣了，说「林老，您怎么也下海搞「流水作业」了？」林凡当时非常尴尬，因为他正「切」得入神，「切」得苦恼，二十多幅，能用的只有五六幅。正是这样严格地「切」，才使他的每幅拿出来的成品，有一种常变常新的感觉。

林凡在「切」梅的经历中，很少画「折枝」，也很少有画得满满的「洋梅」。「折枝」太简单了，简单

得不值得花精神去摆布，简单的梅枝，不像画竹那样能表现潇洒的「写」味，简单的空间分割中的所谓「切」、所谓「交」、所谓运动角度都用不上，书法中的墨的团块作用也派不上用场。至于「洋梅」，是评论家杨悦浦的词。林凡画的大幅正方形的《古香》，画得太满，杨先生说，这不是「林梅」，这是「洋梅」，林凡对这种友好的揶揄，非常首肯。他觉得这是「切」过分了的缘故。

林凡迷恋画梅，由来已久，从九十年初，为画梅，每到初春，就外出写生探梅，梅花逐渐成了他的「三生知己」，此次编印《林凡集林》，梅花卷就题名为：《三生知己是梅花》。

林凡痴于画梅，醉于吟诗，每画必有诗，如果仔细读他的每幅梅花，他的题诗都非常有趣。可以从他每幅梅花题诗内容，看出他当日画梅花时的心情以及他情绪的变化。即便用的不是自己的诗，他也借题发挥。选的诗大部分是苦涩的、忧郁的。如果用自己的诗，那就更是他内心深处情绪的反映。梅花是他的「三生知己」，诗是这「知己」的灵魂。有些含着诗情的、画意的梅，往往让人捉摸不定，仿佛迷离。

每当我读他的梅花时，我已习惯了先去吟诵他的诗，之后，再读画。世路漫漫，林凡往日生活的坎坷经历，磨砺着他非凡的艺术生命；我愿以无尽的爱心在梅花这块园地上，交流着我们对人生的感受和喟叹！

十六年过去了，回眸林凡画梅，使我激情满怀。说真的，画梅对他并不难，难在他的立骨构图，纵横交错，绝不重复。更使他花功夫的是画梅花的背景，岩石、山草、泉口、风雪、竹叶、小花、栅栏、小葫芦、山山草草，月色迷人，暗香浮动，清香满枝。他天分既高，用心亦苦，下笔有神。当他点花蕊时，自点自赏，花蕊迷离，月色幽淡，梅花，岩石相互依恋，他在整幅画上突出的是梅花的鲜明和梅花的厚重。草木花石，错综叠压，缠绕人神。

我伴随林凡画梅，已经有一十六个春秋。他画梅的程序：第一，是立骨，枝蔓构图，绝不重复。第二，是用淡墨或紫色，点出梅花的聚散和位置。第三，是用浓色点出花瓣，和花瓣的阴阳向背。第四，是营造背景。与其说是画背景，不如说是营造一个个令人兴奋的艺术情调工程，风晴雨雪，花样翻新。第五，是把景物与花卉交错联系起来，水绕山环，增益情趣。第六，添枝加叶，使每个小局部调和融合起来。第七，梅花画成之后，题诗、用印，使诗情画意相得益彰，然后才掷笔大快。

我不知道，我对林凡画梅的七步曲，说的对不对，但是这是我多次伴随他画梅的真实体会。因此，我

认为林凡的山水梅花已不是单纯写意画了，他以画工笔画的「工」，用来画梅，而他画梅的意笔用功之苦、用心之深，使我激动，也使我心情沉重。最后，也就感到宽慰、喟叹。我说过，「林凡你如果忙了，放下未完成的画，我想我拍电影工作已三十余年了，我作个学生能否完成你这幅梅花呢？这就不敢肯定了。因为拍电影是导、摄、录、美。美工是我管辖和指导的第四位专业。难怪当初调他去八一厂，干了几个月，他竟然又回中南军区了。他选择的专业道路——绘画，确实是选对了，他不仅仅认为美工从属性大，会约束他个性的自由发挥。而他的艺术追求，是他自幼的天赋、环境、家传师教、刻苦、自学形成的。他坚持爱好一条自由、自在、自主、自立、自学、自信的成才之道，是何等的不易」

近年，他「切」成了近千幅「林梅」流传于全国，乃至东南亚、日本、欧美。爱好者、收藏者给了他自由发挥的机遇。使他走上了半工半写的「林梅」之路。他每有好作品时，经常念叨：「不知此花落谁家」。啊！真是「一别罗浮几度春，岁寒心事与谁论」！

我想，日后林凡会「切」出更好的梅花来的！

二〇一〇年十月二十八日王影多年感想

天海布幽香

——品读林凡先生的梅花系列

蒋力余

摘要：著名书画家林凡先生，数十年来潜心研究山水、人物，以其创作实绩、理论建树奠定了当代艺术大师的地位。近些年来，又以新的艺术语言创作了数以百计的梅花，清新高洁，秀而不腻，令人耳目一新。品读林凡的梅花系列，有如沐清风，如濯清流，如品佳酿之感。笔者认为这些梅花是忠贞爱情的吟唱，生命本体的讴歌，高洁情操的外化。从艺术成就方面审视，主要表现为凄冷的色调，独特的技法，幽深的意境。

关键词：林凡；梅花系列；技法；意境。

当代艺术大师林凡先生，有一种常人莫及的执著，在现代国画艺术的园地里甘于寂寞，辛勤耕耘，以其独特画风蜚声海外。林凡为中国工笔画学会法人代表，对当代工笔画创作的推进、人才的培养，可谓殚精竭力，贡献甚钜。林凡乃当代书画界少有的全才，诗词、书法、绘画无一不精。已逾古稀之年的林凡先生，其山水、人物硕果丰盈，而今又以新的艺术语言突破了梅花的创作，自一九九八年以来，创作了数以百计的梅花。翻开林凡出版的各种画集，品读那一幅幅造型奇特、瑰美清丽的梅花，不禁心凝神释，魄荡魂销，仿佛与先生一同流连于邓尉山中，漫步于西子湖畔，陶醉于罗浮梦里。此刻，我想起了近代诗僧八指头陀的咏梅名句：「才到孤山如旧住，前生多半是梅花。」（《孤山》）真的，不独是艺术家自己，而且连读者也仿佛「前生多半是梅花」了。

梅花为中国十大名花之首，历来为文人雅士所钟爱。历朝历代为梅修史、为梅传情的画家不计其数。翻开中国

绘画史，赵孟頫、王冕、徐渭、唐寅、八大山人、石涛等，都是些光华夺目的名字，他们种植在华夏民族心灵深处的一株株梅花，纵物换星移，风欺雪压，仍常开不败，高洁芬芳。而秉承家学，栉沐楚风骚韵成长起来的林凡先生，步武前贤，吐纳百家，以其心血为艺术百花园中的梅苑又培植了一个新品种——林梅。先生将画梅叫「切梅」，这种所谓「切」，先生的夫人，著名电影艺术家王影女史解释为对梅花的剪裁、构架，应该怎样利用东方情调的空间分割概念去处理。先生的梅花清宁高洁，秀而不腻，是才气、清气、逸气、浩气、书卷气的外化。品读先生的梅花系列，使人产生丰美的想象和联想。一树梅花一首诗，从这些有形诗里，我读出了许多人生感悟。

忠贞爱情的吟唱。从来为梅修史的画家，多借梅言志，而通过写梅咏梅来吟唱忠贞不渝爱情的甚少。当然，历史上借梅来抒发眷恋思慕之情的也不乏其人。从搜集到的资料来看，最早的梅花诗就写到了爱情，魏晋时无名氏所作的《孟珠》这样写道：「适闻梅作花，花落已成子。杜鹃绕林啼，思从心上起。」（《两汉三国魏晋南北朝诗》）元代诗人谢宗可也写过「枝头交颈栖香暖，花底同心结子肥」（《鸳鸯梅》）的言情佳句。不过，以梅花系列的形式来吟唱忠贞不渝爱情的可谓前无古人。先生如此钟爱梅花，我想其中一个重要的原因是：三生自有鸳盟在，一枝寒玉是良媒。林凡出生于风景如画的芙蓉国里，故乡田野的白鹭，资水的碧波，关山的黛色，院后的琼枝，常使先生铭心刻骨，梦绕魂牵。王影女史家住山东蓬莱，那扑面的仙风和如雪的梅花陶铸了她的兰心蕙性，绝代风华。王影女史的乳名就叫梅娃，灵娘。两位先生自幼与梅花情缘早结，而更为传奇的是两位先生相识、相知、相恋于粤中的罗浮山下。罗浮为梅花之别称，梦中情人之象征也。两位先生一见钟情，从此就有丝萝永结，生死相托的倾慕和眷恋，然而竟通过四十年的苦恋相思方与梦中情人结为连理。王影女士是年仅八岁便投身革命洪流的老革命家，电影艺术家。解放初曾任中央军委娱乐部主任，之后担任八一电影制片厂业务领导二十余年，是电影界的隐形人，为新中国的电影事业做出了卓越贡献。与先生结褵以来，毅然放下心爱的电影事业，倾尽全力支持先生攀登艺术峰巅。王影女史对先生的挚爱使我想起清代诗人张问陶夫人的两句咏梅诗：「修到人间才子妇，不辞清瘦似梅花。」正因为两位先生十分珍视迟暮之年得之不易的爱情生活，故将他们合写的爱情诗集定名为《罗浮百咏》。因此可以说，梅花既是两位先生缔结鸳盟的同心之结，又是吟唱挚爱真情的心灵之歌。林凡的梅花系列中不少是鸳鸯梅，连理枝，试读《净土香根》、《古艳》、《罗浮月》等画作，便能真切地感受到两位先生爱情生活的甜蜜和凄美。有些画幅的题款也含蓄地点明了言外之意，如「一任灵娘呵手折，芳心原自抱阳和」（《扇面小品四幅之一》）、「六么不舞三门殿，一夕相思万叶坡」（《小春沉睡》）等，无不是苦恋相思的倾诉。品

读林凡梅花系列中的部分作品，我们仿佛看到两位杰出艺术家在明丽的秋光中相携相挽、喁喁私语的情景。林凡的梅花系列闪烁着至真至纯的人性美的光辉。

生命本体的讴歌。读林凡的梅花系列，我们可以感受到生命的坚韧与顽强，领略到生命本体的力度美。我们可以说，林凡的梅花画卷，多有对生命的礼赞。林凡本属于早慧的艺术家，虽没有进过正规的美术院校，但凭着自强不息、精进不止的精神取得了今天如此卓越的成就。林凡无门无派，但能遍访名师，博彩众芳，于学无所不窥，完全靠自我修炼而成正果。林凡十七岁从军，潜隐于身的艺术彩虹曾一度熠熠生辉，然因直言打入另册，放逐河东，含垢忍辱度过了二十年的时光。遭世偃蹇，韶华虚度，林凡心灵的痛楚是不能用语言表达的，然而先生挺过来了。林凡虽没有伟岸的身躯，但有横溢的才华，坚韧的意志，能忍人之所不能忍，无论何种遭遇，均没有放弃心爱的艺术事业。正因为如此，林凡笔下的一行白鹭，一方灵石，一树琼瑶，一片幽林都是血泪的凝结，生命的物化。在十年浩劫中，有次未经批准独自跑到黄山写生，返回晋中后受到了无休无止的批斗，而先生无怨无悔，毫无愠色。「生死刚强之谓骨。」（荆浩《笔法记》）在林凡先生柔弱的外表里，我们仿佛看到有梅花一样的铮铮铁骨。这正如他在诗中所说的：「砚底生涯磨铁骨，山中日月铸新锄。」（《吊王憨山》）品读林凡的梅花系列，你看那溪流之侧，岩石之中，绝岭之上一枝枝苍劲虬逸的梅花，难道不是一曲曲生命本体的颂歌？难道不能想到饱经磨难的先生？难道不能想到华夏沃土上生长出来的宁折不弯，以身许国的民族脊梁？品读先生的《风雨归来》、《独倚高崖看暮天》、《洛阳三月》等画作，无论是素梅、黄梅，还是红梅、绿梅都能读出生命的坚韧与顽强，我们会从心灵深处发出一种呼喊：珍爱生命，直面人生，自强不息！

高洁情操的外化。儒家思想对中华文化的影响是彻入骨髓的。古人对艺术作品的审美往往与人品并重，认为风格即人，艺术往往是人格的外化。论及绘画，古人云：「人品不高，用墨无法。」胸中长存浩气，笔底方显神奇。这种审美观点以现代意识来看，当然有些偏颇，但笔者认为大体上是不错的。古代画梅的艺术家，往往追求「人与梅花一样清」的人生境界。试问那些梅苑先贤，哪一个不是高洁之士？元代王冕隐居九里山中，植梅千株，自号梅花屋主，现存梅花诗百余首，他的梅花就被当时的人们视为拱璧。清初陈洪绶画梅名震一时，而若有豪贵强行索画，虽致千金，也不为动笔。在先贤的笔下，那晶洁的冰枝，那横斜的疏影，那浮动的暗香，无一不是艺术家高洁情操的外化。在物欲横流的今天，我们品读林凡的梅花系列，也仿佛随同先生来到了远离尘嚣的未曾污染的一方净土，仿佛窥见到了艺术家雪洁冰清的高洁人格。林凡淡于名利，视富贵若过眼烟云，不赶潮流，不事炒作，友清风而侣明月，与梅花作心灵的交流。平反

后回到北京，几乎不名一文。处境有些改观后，为了家乡的希望工程，为了提高家乡的文化品位，他总是一次次的捐款。他的山水杰作《海岸无风》被海外收藏家高价收藏，有人以重金请求重画，先生不为所动。林凡的艺术创作，大到十余米的长卷，小到扇面小品，每幅都是绝对的唯一。林凡胸怀坦荡，心无芥蒂。凄苦的岁月虽不堪回首，然而他对辛酸的往事总是当作蛛丝一样轻轻抹去。在非常时期一些执行极左路线的人不择手段地整过林凡，而今相见仍是笑脸相迎，若有所求，仍慷慨相助。林凡的梅花无傲气，不神，与其谦易平和的性格相仿佛。我有幸结识林凡先生十余载，与其论及艺术与人生，他总是以解缙「墙上芦苇，头重脚轻根底浅；山间竹笋，嘴尖皮厚腹中空」的联语自嘲。二〇〇二年冬日拜访先生于深圳，先生送我上车时雨中伫立，挥手劳劳的情景至今历历如昨。品读林凡梅花系列中的《古香寒玉》（纸本，一九九七年）《探户传香》、《残雪》等画作，胸襟为之洗涤，世虑为之顿消，对先生的敬意油然而生。

林凡的梅花系列内蕴丰富，有读不尽的人生况味。其实林凡认为艺术形象的美在于有广阔的想象空间，他喜欢无题诗，深许「诗有题而诗亡，词有题而词亡」的观点，常说概念性的东西越多，越是作品的失败。笔者的品读，当然是皮相之论，一孔之见而已。

林凡的梅花系列不甜，不媚，不俗，无霸气，无悍气，无躁气，而更多的是才气、清气、逸气、浩气、书卷气。艺术成就迥异前人，甚至超乎前人。艺术审美本来有如苏轼看山：「横看成岭侧成峰，远近高低各不同」，只言片语难以言说，若强而言之，大致有如下几方面：

凄冷的色调。色调是画家的艺术语言。色调的选择与画家的美学理想和审美情趣有较多的联系。林凡的山水，其色调大多凄清幽冷，其境界大多凄婉苍凉，而其梅花系列就色调而言，与整体画风基本一致。翻开林凡出版的数种画集，仿佛一股清气扑面而来，一股冷风从我们心头刮过。先生的创作尚「清」，但这个「清」不是举世混浊唯我独清的清，而是老子「清静为天下正」的清，也是李白「诗传谢月兆清」的「清」，张籍「一曲清歌敌万金」的「清」。清是一种境界，一种美。林凡的清，是高洁的清，清宁的清。林凡的「清」，近乎凄冷，但又冷中见热，仿佛奔腾着一股生命的暖流。时下画梅的人不可胜数，动辄百梅图，百梅展，梅谱，梅卷，双清，四雅，不一而足。梅花画得碗口大，艳灼灼，红彤彤，这样的作品读得太多，难免头晕目眩，血压增高。而林凡的梅花则不然，色调凄冷，清香四溢，读来心灵宁贴，气爽神清。林凡的梅花能摄梅之魂，把人带入清宁、安谧、超然的艺术境界之中。林凡画得较多的是素梅、黄梅、绿梅，即使是黄绿之色也不耀眼。品读《簪花对酒》、《溪台花放》、《暗香寒玉》等系列作品，仿佛流目祥云飘荡，静听溪水潺湲，迎临惠风轻拂，亲聆高人謦欬。林凡也画过不少红梅，但从不把花骨朵画成红色的血蛋蛋，是

欺风斗雪的英雄化身，而是那样的清秀、飘逸。林凡笔下的红梅仿佛都用特殊的工艺进行了褪色、杀火的处理，远望宛如一树琼瑶，一枝寒玉。总之，读这些凄冷的梅花画卷，仿佛有吴均秋日游富春江的感受：「鸢飞戾天者，望峰息心，经纶世务者，窥谷忘返。」（《与朱元思书》）

独特的技法。当代美术界泰斗蔡若虹先生说：「林凡的作品取材独创、造型独创、立意独创、情调和风格也独创。」[1]这些独创，当然也包括了技法的独创。林凡论画，提出了著名的「意工」理论。他明确提出：「调高，格高，都是由于意高；调低、格低，往往都是意低。」（《孤吹集·意工》）论者多以为林凡的尚「意」，单指寄寓于画幅中的审美情趣和美学理想，其实这种理解有些片面。笔者认为，林凡尚「意」的内涵是丰富的，不单指画幅中的意境、情志，也包括了技法。意工也指技法的工。著名美学家宗白华说：「艺术境界主于美。」[2]对艺术来说，美是第一位的。林凡特重技法。读林凡的画，觉得因技法独特而使作品带有较多的唯美色彩。西方有人说，一切艺术以音乐为指归。这句话的意思多理解为艺术应有内在的和谐之美，而笔者认为，音乐艺术其形式与内容往往融合为一，这一点可与绘画相通。林凡常说，技法是根本，皮之不存，毛将焉附？他强调技法的创新。有人卑视现代画的「制作派」为野狐禅，而他却说：「野狐禅也有可爱的一面。」（《孤吹集·请给工笔画以爱》）林凡的画梅，在技法上可谓惨淡经营，匠心独运。从整体而言，他既突出呼应、繁简、疏密、轻重、虚实和空白，同时又不为古法所囿，常常听任自然，运笔着墨则拙巧并用，不拘一格。林凡是工笔大家，他的梅花多以工笔的技法来追求写意的韵致。林凡说：「如果用工的笔法，去达到写的洗练、简练，或在写的笔法中能做到工的缜密、华滋，应当都是可行的。」（《孤吹集·意工》）林凡的梅花多是以工带写，工写为一的精品。林凡的梅花系列，在造型方面也别出心裁。他很少画折枝，认为折枝太简单了，不能表现潇洒的写味，简单得空间分割中的所谓「切」，所谓「交」，所谓运动角度都用不上，书法中墨的团块作用也派不上用场。林凡的梅花，多是整体的梅树，并且常有背景的映衬。那些峻峋的山石，飞泻的流泉，飘荡的白云，摇曳的小草，更衬托出梅花的蓬勃生机，这种独具一格的造型艺术在古今艺术家的梅花画卷中是很少见到的。林凡画梅先立枝干骨架，选择甚严，立骨架时，往往废纸盈篓。林凡善书，常以书入画，他极为讲究梅枝、梅干体现书法的笔力。画面上的一切都是艺术形象。林凡作画特别注意整体的完美，精细到了丝丝入扣的地步。题款的位置，书体的选择，如何钤印均极为讲究，在不对称中求对称，在不平衡中求平衡。正因为如此，林凡的梅花系列，无一不是心血的结晶。

幽深的意境。意境是中国书画艺术最重要的美感特征。所谓意境，大致是艺术家主观情感的抒发与对客观事物的描写所达到的水乳交融的一种境况。近代美学家王国维指出：「词以境界为最上，有境界则自

成高格，自有名句。」③诗歌如是，画亦如是。对于绘画来说，无境界便无艺术，但是有境界又不一定都是艺术佳构。因为境界有新旧之分，高低之别。对绘画艺术而言，境界达到圆融、幽深、新奇、高雅，方是上乘之作。同样是画梅，无论画幅如何巨大，梅干如何虬逸，色彩如何绚烂，构图如何精巧，意境如何鲜明，若不注入新的生命，读来总觉得似曾相识，俗中带媚，这样的作手仍然停留在画工层次。艺术贵新，贵深。林凡的梅花系列，在色调、造型、立意等方面着意求新求高。意境自然圆融，当然也新奇、高雅。但笔者认为最主要的特点是幽深。绘画艺术的特点是化景物为情思，达到景与情，人与物的浑化为一，同时给人产生的美感还应有层次，有厚度，使人进入「曲径通幽处，禅房花木深」的境界。林凡以琼思玉想之怀，鬼斧神工之笔，将思慕之情，悲悯之意，人生之慨，彻悟之理，一一倾泻于梅花。品读那冷光四射，清气沁人的一幅幅梅花画卷，使人感奋，使人眷慕，使人凝思，使人开悟。品读林凡的梅花系列，那「路漫漫之其修远兮，吾将上下而求索」的执著精神油然而生；品读林凡的梅花系列，那「至大至刚」的浩然正气不期而遇；品读林凡的梅花系列，那超旷空灵的诗情禅意飘然而至。林凡梅花系列的艺术境界是多层的，幽深的。如何感悟其艺术灵境的启示，如何感知其活跃生命的表达，反复品读林凡梅花系列产生的美感有如蔡小石在《拜石山房词》序里所描绘的情景：「夫意以曲而善托，调以杳而弥深。始读之则万萼春深，百色妖露，积雪缟地，余霞绮天，一境也；再读之则烟涛澒洞，霜飙飞摇，骏马下坡，泳鳞出水，又一境也；卒读之而皎皎明月，仙仙白云，鸿雁高翔，坠叶如雨，不知其何以冲然而澹，翛然而远也。」④

「一枝冰雪墨痕新」。用清代画家童钰这句诗来概括林凡的梅花系列，我认为是比较恰当的。林凡以渊深的学养，高洁的人格，独特的技法培植了这一株株清香四溢的梅花，开在艺苑的画坛，开在时代的春天，开在人们的灵府，将倚风自笑，永吐清芬。「天意怜芳草，人间重晚晴」。林凡先生为广大读者奉献了一株瑰丽清香的艺术奇葩——林梅，我们也愿林凡先生与王影女史长共梅枝劲健，新竹清嘉。

参考文献：

①《唯有孤吹，能谐众耳》，《中国艺术家》，2005年第12期，第18页。

②宗白华：《艺概·中国艺术意境之诞生》，北京：北京大学出版社，1997年第二版，第159页。

③王国维：《人间词话》，见滕咸惠校注：《人间词话新注》，山东：齐鲁书社，1982年版，第33页。

④同②第163页。

作者简介：蒋力余（1957—），男，汉族，湖南桃江人，毕业于湖南师范大学中文系，现为湘潭大学附中高级教师。长期从事诗学、书画美学之研究，已于海内外发表学术论文四十余篇，著作多部。

散文诗（两篇）

泪洒梅山

王影

晨雾空朦，雨丝飘洒，天赐良机。绵延不绝的千树万树梅山之上，浮云半悬，如雾如云，绿色的旋律，暗香浮动。

我们游荡在蜿蜒的梅山小路上。粉梅舞弄浮云；绿萼梅莹莹含泪；白梅银辉弥漫；唯有黄梅含苞待放。

啊！粉、绿、白梅弥漫暗香，这迷蒙的景物，缠绕着我们的身心，雨雾迷朦着我的眼，这千树万树的梅花，使我们流连忘返。我却止不住泪洒梅山。

啊！梅山！梅山，梅山旧梦故事多，为爱梅，古人老逋曾终身不娶，归隐不仕，梅妻鹤子的痴情，传颂着诗人们一曲曲动人的忧思，感人的悲歌。

近年来先生恋于画梅，每画都有诗，每诗都抒发着对坎坷的往事的一往深情。在这寒风细雨的梅林里，我俩几乎忘记归程，是雨是泪已难分，哦！是诗是画是梅魂！

一九九七年初春我和林凡 南京金陵访梅园写生有感

人与梅花一样清

瘦西湖，茫茫风雪，廿四桥，素裹银装。我们在寻觅故人——寻访梅花。

百年不遇的鹅毛大雪，园林一片萧瑟，凛冽的寒风，黄叶飘零，云遮雾掩，风雪交侵。无飞鸟，无禽影，北国蓬山的两位探梅人，在风雪之中，寻觅早春梦里的梅魂。

暮色苍茫，月光清冷。园林古庙旁，缕缕香火，袅袅余烟，暗香浮动，疏影迷人。我们神笃意醉。

啊！在这大雪纷飞的寒风中，玲珑剔透的黄梅，迎着风雪怒放。冰肌玉骨，绝代娇娆，黄花朵朵，白雪莹莹，枝横花绕，迎着我们两个探梅人。微微摇曳，频频颤动！

冻僵了的面颊，俯身亲吻着梅花；凝望着玉蕊，吮吸着暗香，清凉的泪水，洒落在花瓣上。

诗人！用你的诗情画意，慰籍这孤傲而痴情地等待我们的故人吧！

黄昏幽暗，月光濛濛，雪花飞舞，寒风中，梅花朵朵怒放。两个探梅人，弃却百年遗恨，无言踯躅在凛冽的寒风中！

一九九六年春节前和林凡去扬州瘦西湖探梅

篱畔相逢

纸本 68cm×136cm 2010年

题句

龙蛇影碎玲珑月，篱傍相逢唱短歌。

款识

庚寅秋月。林凡。

印章

林凡之印（白文）寒雁（白文）

佛像（朱文）堂堂小子（朱文）

梅娃（朱文）别开生面（白文）

评介

此画画老梅横卧于两段栅栏之间。题句中说明有相逢于花下的恋人，用山歌互致情意，画家用意之巧，令人感喟。（严岚）

龍蛇影碎玲瓏月籬傍相逢唱短歌
庚寅秋月北凡

斜影低枝

纸本 68cm×136cm 2010年

题句

斜影含情堕，低枝带笑开。

款识

庚寅暮秋，园中黄叶一如黄梅，作此以怀春月。林凡。

印章

阿凡（朱文）独孤一羽（朱文）

佛像（朱文）林凡王影长年（白文）

堂堂小子（朱文）林凡书画（白文）

评介

此画与《篱畔相逢》构图有异曲同工之妙。木栅栏，变成了石砌的短墙。墙头的覆缸、覆钵，显示了隐者生活的清苦。此皆画家的精深措意。（严岚）

斜影含情隨低枝帶笑開

芳意随春

纸本 68cm×136cm 2010年

题句

玉为心蕊翠为苞，寒鹊交飞欲结巢。费尽诗肠吟未就，移床推枕再推敲。

款识

庚寅暮秋写绿萼梅并录螺冠子诗于画首。林凡。

题句

芳意随春，林凡再题。

印章

一琴一鹤一梅花（朱文）

林凡之印（白文）独孤一羽（朱文）

林凡王影长年（白文）

堂堂小子（朱文）林凡书画（朱文）

评注

螺冠子为明代诗人周履靖别号。（约一五七三年前后在世）周履靖字逸之，自号梅颠，工书画诗文。隐居于秀水（今浙江嘉兴）。著《画评会海》及《梅颠诗稿》等。题句选自周履靖《和冯海粟梅花百咏》。（林凡）

林凡先生此作，以繁葶的草地，映衬简约之梅石，著意在「春」。与「芳意随春」的题旨十分吻洽。（严岚）

踏雪寻梅

纸本 68cm×68cm 2009年

题句

踏破登山屐，来寻傍水丛。眼明千树底，春在数花中。格异谁能写，香寒酒易空。狂歌归策马，惊怪走儿童。

款识

乙丑春月写傍水野梅录诗系明人句。出自王影所编梅花诗抄。林凡。

印章

佛像（朱文）堂堂小子（朱文）白竹园主（朱文）林凡之印（白文）影（朱文）梅娃（朱文）

江南梦影

纸本 68cm×68cm 2007年

题句

看人花底酹新曲，一春梦雨比愁多。

款识

丁丑冬月写于碧水。林凡。

印章

梅娃（朱文）佛像（朱文）

林凡之印（白文）影（朱文）

注

梅每与梅笛、梅曲、《梅花落》等有关音乐的事物相联系。《梅花落》为汉代横吹曲名。李白的名句「黄鹤楼中吹玉笛，江城五月落梅花。」即用此意（林凡）

丁亥冬月写于
碧水朴凡

般若之梅

纸本 68cm×68cm 2000年

题句

底事欢词般若台，绿梅青月碧螺杯。
定回续梦连心曲，萍散遗踪点屐苔。
一骑黄尘挥泪去，三秋白袷杖藜归。
多情最是韩熙载，锦幄千重鼓钹开。

款识

龙年春画此并题近作句。林凡。

印章

诗酒三生（白文）堂堂小子（朱文）
梅娃（朱文）林凡（朱文）林凡无恙（白文）
灵巧儿（朱文）林（朱文）

注

题中，「般若」二字为佛教语，意为「智慧」、「慧」、「明」之意。全诗曾收入《林凡集林·罗浮吟》一书中。（林凡）

底事歡詞般若臺綠捻青月碧螺杯定回續夢連心山萍散還踪點屐苔一靜萬塵揮淚今三秋白拾杖葉歸多情最是韓熙載錦幄千重鼓鼓開

钟山龙爪

纸本 68cm×68cm 2005年

题句

南京钟山梅林有龙爪梅数株，盘根、虬干，殊有奇致。今忆写于此。予性孤傲，素不喜为任何人为任何物作传造像，而独钟情于此，盖性之所至，而不计有悖常衷也。王影亦如此。

款识

时值乙酉百花生日。林凡。

印章

梦绕蓬莱（白文）白竹园（白文）

楚南林凡（朱文）神与天交（朱文）

香雪濛濛

纸本 109cm×107cm 1997年

题句

香雪濛濛月影残，抱琴深夜向谁弹。闲中意品无人觉，淡处逢时自古难。到死还能留气韵，有情何忍笑酸寒。天生不作寻常格，莫与春花一例看。

款识

丑年秋月与王影将有黄岳之行，作此以志，并题前人句。林凡。

印章

极而后达（白文）林凡之印（白文）影（朱文）一树梅花一树诗（朱文）

荆溪春色

纸本 68cm×136cm 2009年

题句

去年看梅南溪北，月作主人梅作客。今年看梅荆溪西，玉为风骨雪为衣。腊前欲雪竟未雪，梅花不惯人间热。横枝憔悴涴晴埃，端令羞面不肯开。缟裙夜诉玉皇殿，乞得天花来作伴。三更滕六驾海神，先遣东风吹玉尘。梅仙晓沐银浦水，冰肤别放瑶林春。诗人莫作雪前看，雪后精神添一半。

款识

右录杨万里雪夜寻梅七古一章，弁于新作之首，时值国庆六十大庆之前三日。南楚林凡。

印章

佛像（朱文）吾家四四（朱文）

堂堂小子（朱文）林凡王影长年（白文）

林凡之印（白文）鱼（朱文）

林凡之印（白文）

花间风雨

纸本 68cm×136cm 2010年

题句

枕上湖山无际梦，花间风雨浩然哀。

款识

庚寅暮秋。林凡。

印章

佛像（朱文）梅娃（朱文）

林凡之印（白文）林凡书画（白文）

评介

林凡先生以梅置于风雨之中，殊有别致。虽着墨不多，然皆有风雨披离之意。此古人不曾为也。（严岚）

溪浅横枝

纸本 68cm×136cm 2010年

题句

江露夜寒清彻骨，矶头溪浅瘦横枝。

款识

庚寅暮秋。林凡。

印章

别开生面（白文）林凡书画（白文）

佛像（朱文）阿凡（朱文）

独孤一羽（朱文）林凡王影长年（白文）

评介

画有疏体、密体之分，今之论画者多扬此抑彼。即董玄宰在世，亦不会作此种扬抑之语。林公此画，除梅、石和水纹外，几无余物，简约之至，当为疏体。不知叨叨于世者又作何评语。（方文）

江露夜寒清徹骨磯頭潭淺瘦橫枝
庚寅暮秋林凡

残雪

纸本 68cm×136cm 2010年

题句

残雪银辉冷画屏，落梅横笛已三更，更无人处月胧明。我是人间惆怅客，知君何事泪纵横，断肠声里忆平生。

款识

庚寅暮秋于小罗浮诗林，诵纳兰词不觉泪下，乃录此词于画首。楚南独孤一羽。

印章

一琴一鹤一梅花（朱文）阿凡（朱文）独孤一羽（朱文）林凡书画（白文）林凡书画（朱文）吾家四四（朱文）

评注

纳兰容若为清宗室（一六五五至一六八五年）中最具才情之青年词人。晚近，好之者誉为「北宋以来，一人而已」。容若年仅三十一岁，即殁于疾，评容若作品的诗评《我是人间惆怅客》一书即畅销一时。而林凡老先生年过八十，仍对此赞誉不已。其所共赏共知者，情也。先生此作清苍凄美，祈读此画者，深会其意。

残雪銀輝冷
画屏落梅横笛
已三更更無人
處月朧明
我是人間惆悵客
知君何事泪縱横
斷腸聲里憶平生
庚寅暮秋於小羅浮
詩林誦納兰詞不覺

剡溪梅影

纸本 80cm×80cm 2006年

题句

兴来欲乘游剡棹，一泻清溪百里香。

款识

丙戌中秋本为节日，然卜者以为凶日，不识何故。出游平安，亦未阻于途。谶语未验也。林凡。

印章

佛像（朱文）小涤河山（白文）

林凡之印（白文）影（朱文）

林凡书画（白文）

评

殊有，「流水落花」之致。（方文）

注

余与影子曾同作剡溪之游。

夹岸多花，多泉，故有此作。（林凡）

花草之缘

纸本 68cm×68cm 2005年

题句

一生尽有关心事，花草姑存过眼缘。

款识

乙酉初夏，碧水一池，游鱼数十尾，追逐于清波绿水间。画余依树赏鱼、亦不觉心存恚碍也。林凡。

印章

佛像（朱文）林凡之鉢（白文）

灵巧儿（朱文）

林凡之印（白文）影（朱文）

水月罗浮

纸本 68cm×68cm 2005年

题句

逃禅老笔应难画，玩月精神不易磨。

款识

乙酉。林凡。

印章

堂堂小子（朱文）佛像（朱文）

林凡之印（白文）影（朱文）

梦绕蓬莱（白文）

评注

岭南人不喜作倒梅。林凡先生此画作悬岩之梅，倒注入水，然另有新枝，又挺然引拔向上，对此，粤人不知又作何评。（方文）

逃禪老筆應難畫玩月精神不易磨
乙酉林凡

千花绽

纸本 109cm×107cm 2000年

题句

披发骑鲸薄海歌，簪花对酒小昂俄。
苍茫此世尘中劫，缭绕千山指上螺。
叶落前溪惊日夕，月迷上苑见星罗。
云飘万里空红壮，草木浮生古梦多。

款识

二○○○年春月作此录旧作。林凡。

印章

林凡之印（白文）灵巧儿（朱文）
心无尽藏盦（白文）笔底人间（白文）
林（朱文）林凡之印（白文）
堂堂小子（朱文）梅娃（朱文）

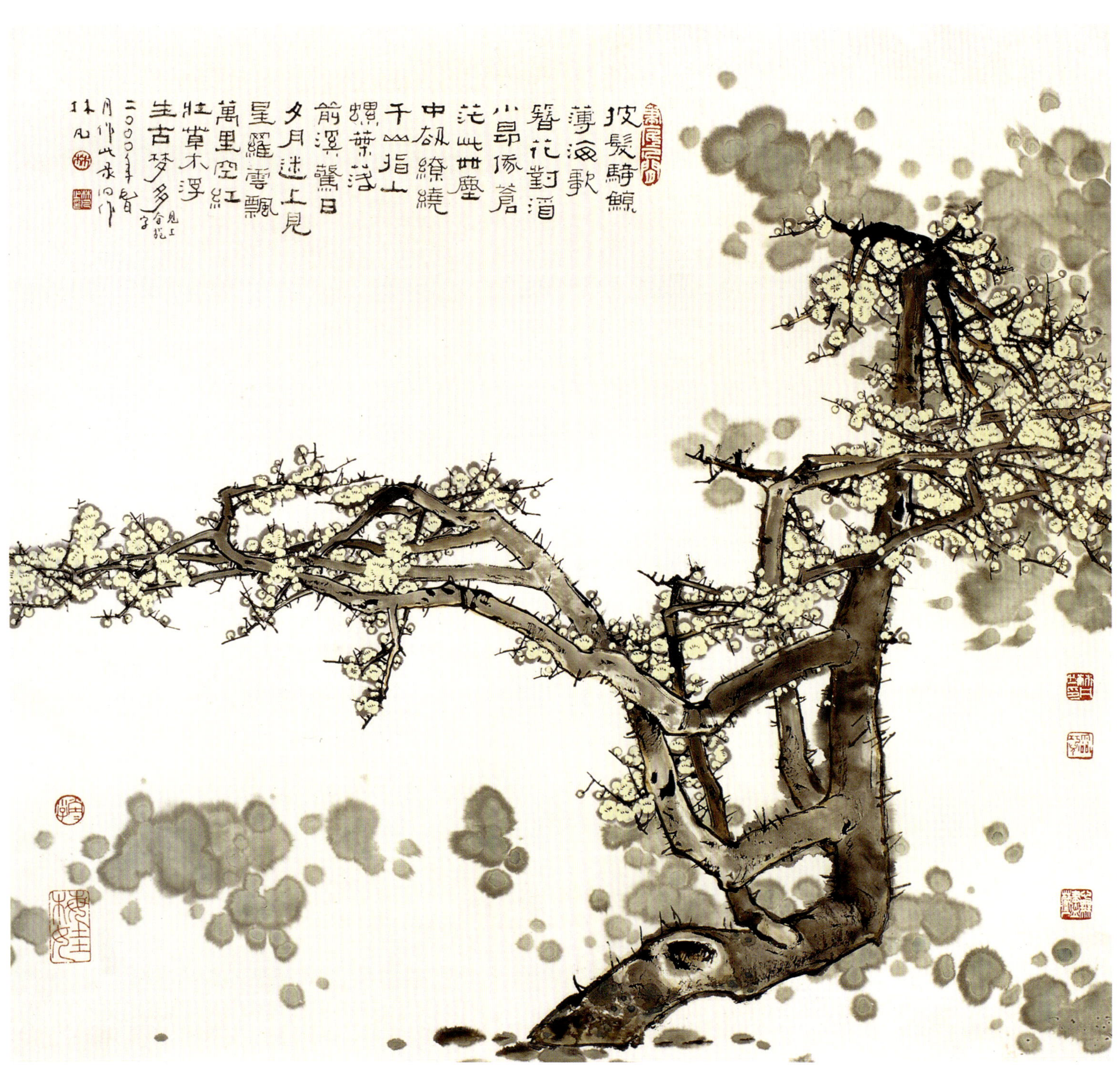
披髮騎鯨
薄海歌
簪花對酒
小昂傲蒼
茫此世塵
中胡繚繞
千山指上
螺葉淺
前溪驚日
夕月迷上見
星羅雲飄
萬里空紅
壯草木浮
生古夢多
林凡

岩阿好梦

纸本 68cm×68cm 2005年

题句

一棹蒹葭初舣处，依前灯火高城。水风吹袂酒初醒，镜中残黛绿，梦外故山青。月坠汉皋留不得，更愁明月阴晴。涉江兰芷亦飘零，凄凉湘瑟怨，掩泪独来听。

款识

乙酉初夏，反复诵祖棻老人临江仙赴长沙一词，心酸不已，如此才人，如此命蹇，惜哉！林凡。

印章

佛像（朱文）梦绕蓬莱（白文）

林凡之印（白文）影（朱文）

白竹园主（朱文）

注

沈祖棻先生为吾乡学者程千帆夫人，死于车祸。先生才气横溢，每有所作，均与千帆先生共赏。所有诗词，均凄恻缠绵之至。惜无由拜见，缘悭也！（林凡）

孤山旧侣

纸本 80cm×80cm 2005年

题句

才到孤山如旧住，前生多半是梅花。

款识

此八指头陀句也。力余先生录以示余。画梅赏梅之艺术生活，若以往日扬州雪里寻梅故实，当和王影共此呼吸。林凡。

印章

大块馀妍（白文）小滌河山（白文）

林之影（白文）鱼（朱文）

林凡书画（白文）

注

八指头陀，即近代大诗人寄禅。（林凡）

玉溪春满

纸本 80cm×80cm 2005年

题句

玉溪春满。

款识

乙酉作。林凡。

印章

佛像（朱文）林凡之印（白文）影（朱文）堂堂小子（朱文）梦绕蓬莱（白文）

评注

玉溪有多处，闻林凡先生言，此江西玉山县之玉溪也。此处，家家种梅，梅香溢于溪流之中，每有奇趣，林先生以洒金笺作此，难度亦大。（方）

玉溪香满
林凡

不屈

纸本 195cm×95cm 2005年

题句

不屈

款识

乙酉夏月纪念抗日战争胜利
六十周年。林凡。

印章

踪迹大化（朱文）林凡王影长年（白文）
林凡之印（白文）堂堂小子（朱文）
白竹园主（朱文）

附注

与此同时展出的还有林凡所撰对联：
小说写成血泪史；大刀砍向鬼子头。

岩前一树梅

纸本 68cm×136cm 2010年

题句

岩前一树梅，璀璨为谁开。
春风最相惜，一度又归来。

款识

庚寅。林凡。

印章

林凡之印（白文）孤吹（朱文）
梅娃（朱文）林凡书画（白文）
堂堂小子（朱文）一琴一鹤一梅花（朱文）
林凡无恙（白文）太息乾坤（朱文）
林凡王影长年（白文）

评介

梅，生态娇美；石，坚挺奇崛。林凡先生每以此二者相倚托，而情趣亦由此生发。请识者深读！（严岚）

林注：「岩剪」应为「岩前」。

鹤梦

纸本 68cm×68cm 2005年

题句

笛弄山关边日冷，酒寒江店暮烟昏。

情多每入罗浮梦，斗转参横共绿樽。

款识

影子选清人句属题画额。林凡。

印章

佛像（朱文）林凡之印（白文）

影（朱文）堂堂小子（朱文）

梦绕蓬莱（白文）

评介

「情多每入罗浮梦」

真是解人之旨。（方文）

冰花梦

纸本 68cm×68cm 2005年

题句

腊鼓惊乡梦，冰花上画笺。

款识

乙酉百花生日。林凡。

印章

堂堂小子（朱文）

三过洞庭（白文）佛像（朱文）

林凡之印（白文）影（朱文）

评

这是林凡先生唯一用冰凌映衬梅竹之作。确有一种「拂霜之影，笼月之舞」的妙处。且着墨不多，获趣则厚。古人以太真垂涕，姑射凝肤来形容冰凌的美。应该承认先生真是善于观察生活的。（方文）

腊鼓惊乡梦
入花上画笺
乙酉百花生日
林凡

抱石酣眠

纸本 68cm×68cm 2005年

题句

雾塞长天世相迷，西山空负影回飞。
霜翎未许飘云翼，玉羽聊堪饰锦扉。
孤翮交稀成隔世，幽潭隔世更交稀。
山寒月冷诗魂在，拍雪吹花带梦归。

款识

乙酉夏月作于碧水庄园，
时影子在案侧助力。林凡。

印章

佛像（朱文）堂堂小子（朱文）
梦绕蓬莱（白文）林凡之印（白文）
影（朱文）白竹园（白文）

评介

此为先生以自己旧作题画之作。「交稀」、「隔世」；「隔世」、「交稀」两相颠倒，与画同读，如觌其人。（严岚）

注

此诗引用《林凡集林·罗浮吟》。（林凡）

醉后眠金

纸本 68cm×68cm 2005年

题句

锦衣玉带雪中眠，醉后诗魂欲上天。十二万年无此乐，大呼前辈李青莲。

款识

乙酉暮春作此。林凡。

印章

白竹园（白文）三过洞庭（白文）堂堂小子（朱文）林凡之印（白文）影（朱文）梦绕蓬莱（白文）

评介

我们十分喜欢这幅画的简洁。林凡先生自称：「醉后诗魂欲上天」是促使他一挥而就的精神动力！

錦衣玉帶雪中眠醉後詩魂欲上天十二萬年無此樂大呼前輩李青蓮

小楼寒重

纸本 68cm×68cm 2005年

题句

小楼寒重砚凝尘，点室残笺蠹矢陈。
汉相无方收义子，啬夫多爱惜微民。
鸣蝉碧树诗谁解，樗木幽窗泪自珍。
高冠长剑三千客，天街却有避秦人。

款识

乙酉录旧作于画。林凡。

印章

佛像（朱文）梦绕蓬莱（白文）
林凡之印（白文）影（朱文）
堂堂小子（朱文）

评介

请注意林凡先生此作中左边梅干作大曲折的精心描绘的结构。这是生命在重新绽发力量的显示。

子夜幽花

纸本 68cm×136cm 2010年

题句

无言深意有谁知，尽在回眸一笑时。
孤花幽谷迷离影，大宇希声绰约辞。
静处梦魂无着落，闲时诗酒亦参差。
月明子夜归何处，漠漠幽花映小池。

款识

庚寅暮秋作并题旧句。林凡。

印章

佛像（朱文）林凡书画（朱文）
吾家四四（朱文）滌盦（朱文）
林凡书画（白文）

评介

先生此作，横枝殚卧于白石上，有太真醉酒之意。漠漠幽花，棱棱磐石，简极生神。先生「简极生神」的多种阐述，于此，又得一精确之证。（方文）

注

我在几十年前，曾欣赏了梅兰芳先生的《醉酒》。长袖一挥，俯身斜伏台上，万种风情，引起一片掌声。我以为艺术是可以通解的，是可以相互引发的。（林凡）

月色青冥

纸本 68cm×136cm 2010年

题句

春风昨夜过燕山，漫步庭除白袷单。
醒醉梦魂新角落，品评人鬼小波澜。
新歌唱罢群声沸，旧句删余两意殚。
拭尽梅花枝上月，青冥吐纳觉初寒。

款识

庚寅秋深，小罗浮诗林，时回眸山右画展在即，题此以志。林凡。

印章

林凡书画（白文）滌盦（朱文）
梅娃（朱文）林（白文）佛像（朱文）
堂堂小子（朱文）林凡王影长年（白文）
林凡书画（白文）

评介

先生此作仅一树梅花，一坪寒莎，所构成的青冥吐纳的深刻诗意，是耐人追索的。我们认为先生以自作诗题画，往往能生发出诗与画两者中的所蕴的深沉意绪。而用不着去抽丝剥茧地作附会之想。

金梅

纸本 68cm×136cm 2010年

题句

香迷银桂仍明月，霞抹金乌亦太阳。

款识

庚寅暮秋。由满园黄叶忆及黄梅，乃作此。林凡。

印章

林凡书画（白文）佛像（朱文）

林凡之印（白文）独孤一羽（朱文）

梅娃（朱文）

评

本来，春秋两季，是花与果的两极，先生由此及彼，重获新解。这种联想，是一个艺术家所不可或缺的精神素质。近日，林凡先生介绍我读王海棻先生《古汉语时间范畴词典》一书。对这种联想、生发、引伸和多方面地阐示，获益良多。先生论画，确有独特的地方，真是难能可贵。（方文）

香迷銀桂仍明月霞抹金爲亦太陽
庚寅暮秋

枕石酣眠

纸本 68cm×136cm 2010年

题句

半曲寒烟留野鹤，一枝残雪待诗人。

款识

庚寅暮秋写于小罗浮诗林。林凡。

印章

林凡之印（白文）滌盦（朱文）

林凡王影长年（白文）佛像（朱文）

堂堂小子（朱文）一琴一鹤一梅花（朱文）

林凡书画（白文）

评

这是林凡先生的近作。是又一次梅石相依的精心之作。（严岚）

半山寒烟留野鶴一枝残雪待詩人

泻玉流金

纸本 68cm×68cm 2005年

题句

我独生无看海缘，奇情往往空云天。
梦中只有蓬莱影，大悔迟生四五年。

款识

乙酉林凡过去曾闻廿八七团之语，故作此论。一粲。

印章

白竹园主（朱文）佛像（朱文）
林凡之印（白文）影（朱文）
灵巧儿（朱文）堂堂小子（朱文）
林凡之鉢（白文）

评

林凡先生这幅小画题为《泻玉流金》确实很形象。先生这类一作品有多幅。这是最简单的例子。先生在款识中有「廿八、七、团」之说。据王老师解释：廿八是二十八岁，七是七年军龄，团是团级干部，有此三条方能谈爱结婚。林凡先生是情的早熟者，碍于此，竟无法进一步求爱，以故为有四十年睽隔之苦。由这幅小画的题识，竟引出这么多有趣的故事。老先生今年八十，每言及此，竟深喟叹！这样的艺术家是值得研究的。

（严岚）

华发簪花

纸本 94cm×94cm 1997年

题句

频年万里马玄黄，华发簪花学楚狂。点室作沤当小搏，长年如鉴画空桑。隔帘明月谁涂抹，沐雨幽花自抑扬。薄酒无端成大醉，纵横率尔写遐荒。

款识

丑年秋月录近作，夜画时王影在侧。林凡。

印章

林画（朱文）一节（朱文）

影（朱文小）林凡之印（白文）

流香

纸本 68cm×68cm 2006年

题句

珠树无多攀不已，珊瑚有尽采无穷。海神上诉天公怒，似怕龙宫宝藏空。

款识

刘克庄此诗别具一格。诚所谓诗家大作手也。林凡。

印章

心无尽藏盦（朱文）滌盦（朱文）小滌河山（白文）林之影（白文）鱼（白文）林凡书画（白文）

注

刘克庄，（一一八七至一二六九年）字潜夫，号后村居士。宋莆田人，累官至龙阁大学士，耿直，有政声。工诗，有《后村居士前、后、续、新四集》。（林凡）

评

林凡先生画梅置于岩岸，下着水纹数款，与《流香》的「流」字十分吻洽。而题句又选后村先生句，这种配搭，十分超妙！（严岚）

素月残红

纸本 80cm×80cm 2000年

题句

洛阳三月无春雨，先生一世无春天。秦宫汉阙高难过，小月残星暗可怜。踞座谈经名相灭，凭栏说剑浊涛蠲。千花照我开无谢，兜率天高万锦旋。

款识

庚辰春。林凡。

印章

堂堂小子（朱文）梅娃（朱文）极而后达（白文）林凡之印（白文）影（朱文）

评

此为林凡先生十年前旧作，诗亦如此。这种构图，是奇特的范本。

寒月如钩

纸本 80cm×80cm 2000年

题句

五十年前花着壁，三千劫后月如钩。

款识

庚辰。林凡。

印章

一节（朱文）心无尽藏盦（白文）

林（朱文）影儿（朱文）梅娃（朱文）

评介

红梅倒置，绿萍数点。而所谓月影婆娑，是在天上，抑或在水中？读画诸君，请予自度。

烟笼寒玉

纸本 109cm×107cm 2000年

题句

烟笼寒水月笼沙，泛灵槎，访仙家。一路清溪，双桨破烟划。才过小桥风景变，明月下，见梅花。梅花万树影交加，山之涯，水之涯，澹宕湖天韶秀总堪夸。我欲遍游香雪海，惊梦醒，怨啼鸦。

款识

清代女诗人顾太清所作江城子记梦一词，写得有声有色、有情有景，如临其境，如闻其香，今录一过，以弁画首。此词为王影所选也。林凡。

印章

极而后达（白文）心无尽藏龛（白文）梅娃（朱文）影（朱文）林（朱文）影儿（朱文）

堂堂小子（朱文）林凡之钵（白文）

注

顾太清（一七九九至一八七六年）清代满族女诗人。原名清，丰才美貌，清高宗玄孙奕绘侧室。著《天游阁集》、《东海渔歌》等。

独立阳春

纸本 68cm×136cm 2010年

题句

不远于人不近人，苍苍老干自生新。

嬾借阳春香满世，好将清瘦出风尘。

款识

冬心句，庚寅。林凡。

印章

林凡（朱文）寒雁（白文）

尚意而已（白文）堂堂小子（朱文）

北京（朱文）林凡王影长年（白文）

梅娃（朱文）

评注

这是林先生选用金农题梅的诗题自己的画。诗格奇诡，画格亦奇诡，为林先生最近所作的佳作。梅干横殚于草石丛中，而又一枝引拔向上，有一种摇曳生姿之感。（严岚）

阳寒影

纸本 68cm×136cm 1998年

题句

枯柳枯荷一万支，白门乌板最相思。夕阳寒影萧疏画，暮雨微吟缱绻诗。归时仿佛来时路，黄叶飘零绿叶池。凄清一颗秦淮月，点缀香君卖酒旗。

款识

戊寅秋月录旧作于画首。林凡。

印章

心无尽藏盦艺事（朱文）

极而后达（白文）

林凡之印（白文）影（朱文）

古人应笑我（白文）

评品

萧疏之至，缱绻之至。（严岚）

寒云

纸本 68cm×140cm 2007年

题句

万里寒云心约略，
孤根落日眼昏沧。

款识

丁亥。林凡。

印章

佛像（朱文）堂堂小子（朱文）
林凡之印（白文）影（朱文）
林凡王影长年（白文）
梅娃（朱文）

评介

此画与前之《独立阳春》之构思相类。皆为宣示生命顽强，精神扬奋之作。而林凡先生又题以自作诗句，更显出先生老而弥坚的艺术心态。清癯劲健，却幽淡无言。题为《寒云》亦隐约模糊，至于云，仅一两片而已。

玉骨冰魂

纸本 80cm×80cm 2000年

题句

罗浮山下梅花村，玉雪为骨冰为魂。
梅花自入三叠曲，耿耿独与参横昏。
先生索居江海上，悄如病鹤栖荒园。
天香国艳肯相顾，知我酒热诗情温。
蓬莱宫中花鸟使，绿衣倒挂枝桑暾。
抱丛窥我方醉卧，故遣啄木先敲门。
麻姑过君急扫洒，鸟能歌舞花能言。
酒醒人散山寂寂，惟有落蕊粘空樽。

款识

龙年春月录苏轼诗于画首。林凡画。

印章

林凡之印（白文）堂堂小子（朱文）
梅娃（朱文）笔底人间（白文）
林（朱文）影儿（朱文）

评

此作悄瘦如病鹤，诚可当品格无双、清华第一论之。

风雪故人来

纸本 109cm×107cm 2000年

题句

乾坤一夜开吟骨，风雪半山来故人。

（小字省略）

款识

二〇〇〇年岁首作此。林凡。右录旧作，林凡，王影。巧巧存念〇叔。

印章

点室（朱文）林凡之印（白文）

一节（朱文）林凡之印（白文）

灵巧儿（朱文）林凡（白文）影（朱文）

森然我在（朱文）梅娃（朱文）

第二次加题识

小憩罗浮即是仙，万山高处枕花眠。

可怜有梦难收拾，收拾无聊剧可怜。

明月有谁论价格，幽兰无主独鲜妍。

江南一去三千里，且趁春风看杜鹃。

评介

这种拳曲于地而又引领于天的结构，林凡先生已多次运用，皆获成功，所谓妙处存乎一心者是也。

乾坤一夜開吟骨風雪半山來故人

江梅

纸本 80cm×80cm 2002年

题句

江国千山泣杜鹃，虹桥柳老尚吹棉。
一生呜呃临唐帖，大哭滂沱吊楚渊。
诗酒年年成积毁，歌吟夜夜作游仙。
寒山冻水无姿态，画尽梅花又一年。

款识

龙年岁首作此并题。林凡。

印章

诗酒三生（白文）心无尽藏龛（白文）

林凡之印（白文）灵巧儿（朱文）

梅娃（朱文）堂堂小子（朱文）

评介

先生前数年作梅，往往衬以墨点，非花非雾，非石非云，如此而已。询于先生，先生称：「构图需要」此种艺术见地，实为一种追求形式的现代艺术精神。不意已行年八十的老者，尚有如此见地，宜其获誉。

水湄梅影

纸本 109cm×107cm 1997年

题句

梅花开满树，谁与共襟期。有客犹千里，无人寄一枝。江南天欲雪，岁晚子何之。愁杀黄昏月，孤吟立水湄。

款识

元诗僧大圭诗对梅思远极清绝录以供爱梅者。林凡。

印章

不雕（朱文）灵巧儿（朱文）白竹园主（朱文）林凡之印（白文）影（朱文）我马玄黄（白文）

评介

此作墨点，似为精心布陈之态。与前者稍异。

野塘春晓

纸本 96cm×94cm 1997年

题句

野塘春暖水平芜，

数点冰花映玉壶。

明月一帘诗思好，

小风微雨过西湖。

款识

丁丑春月录明人句。

以题此图。林凡。

印章

灵巧儿（朱文）

心影堂书画（朱文）

极而后达（朱文）

林凡之鉢（朱文）

滌盦（朱文）

罗浮高格

纸本 80cm×80cm 2005 年

题句

小别罗浮第几丛，翩翩入世有谁同。

半生冷淡成高格，百样繁华拜下风。

热不因人除傲骨，寒能知我是天工。

道旁多少闲桃李，倚着春光枉自红。

款识

吴襄诗意。林凡。

印章

佛像（朱文）白竹园（白文）

影（朱文）秋林寒雁（白文）

林凡之印（白文）灵巧儿（朱文）

堂堂小子（朱文）

林凡王影长年（白文）

肘腋云霞

纸本 68cm×68cm 2005年

题句

若使云霞生肘腋，无妨谈笑作虫鱼。

款识

乙酉之秋，碧水园中，仍有暑意，作此逭热，时影子正于案侧注射。林凡。

印章

佛像（朱文）堂堂小子（朱文）

林凡之印（白文）影（朱文）

梦绕蓬莱（白文）

注

偶以泼墨先成布局，而后作梅，此种作法，偶一为之，已成多幅，然皆嫁去，不知花落谁家，留此孤本，以示习予作画者。（林凡）

三生梦寐幽香在

纸本 68cm×68cm 2006年

题句

三生梦寐幽香在，一枝冰雪墨痕新。

款识

丙戌冬月写梅数十本，其中略有佳者，然不足什一，王影昨日以长信言艺术创作之苦，信也哉。林凡画并题。

印章

林之影（朱文）林之影（白文）鱼（朱文）

评

先生画梅多衬以石，此画有两石相顾盼，如母子状。不知先生胸臆中有多少妙想，无可猜度也。（方文）

梅影

纸本 68cm×68cm 2000年

题句

可窗素绢印琼枝，疏影交加入画迟。
丰姿每教云彩减，精神唯许月华知。
白描老干春无色，清澈寒潭鹤有思。
只剩暗香传不得，巡檐一嗅月阑时。

款识

二〇〇〇年春月以奕绘诗题卷首。林凡。

印章

森然我在（朱文）林（朱文印）
堂堂小子（朱文）梅娃（朱文）
林凡之印（白文）灵巧儿（朱文）
心无尽藏龕（白文）

评介

这是林先生作梅中之唯一不作景饰之作。
奕绘为清宗室中之深黯艺道者，
然他与夫人顾太春之才相去甚远。
也算是有福之人。

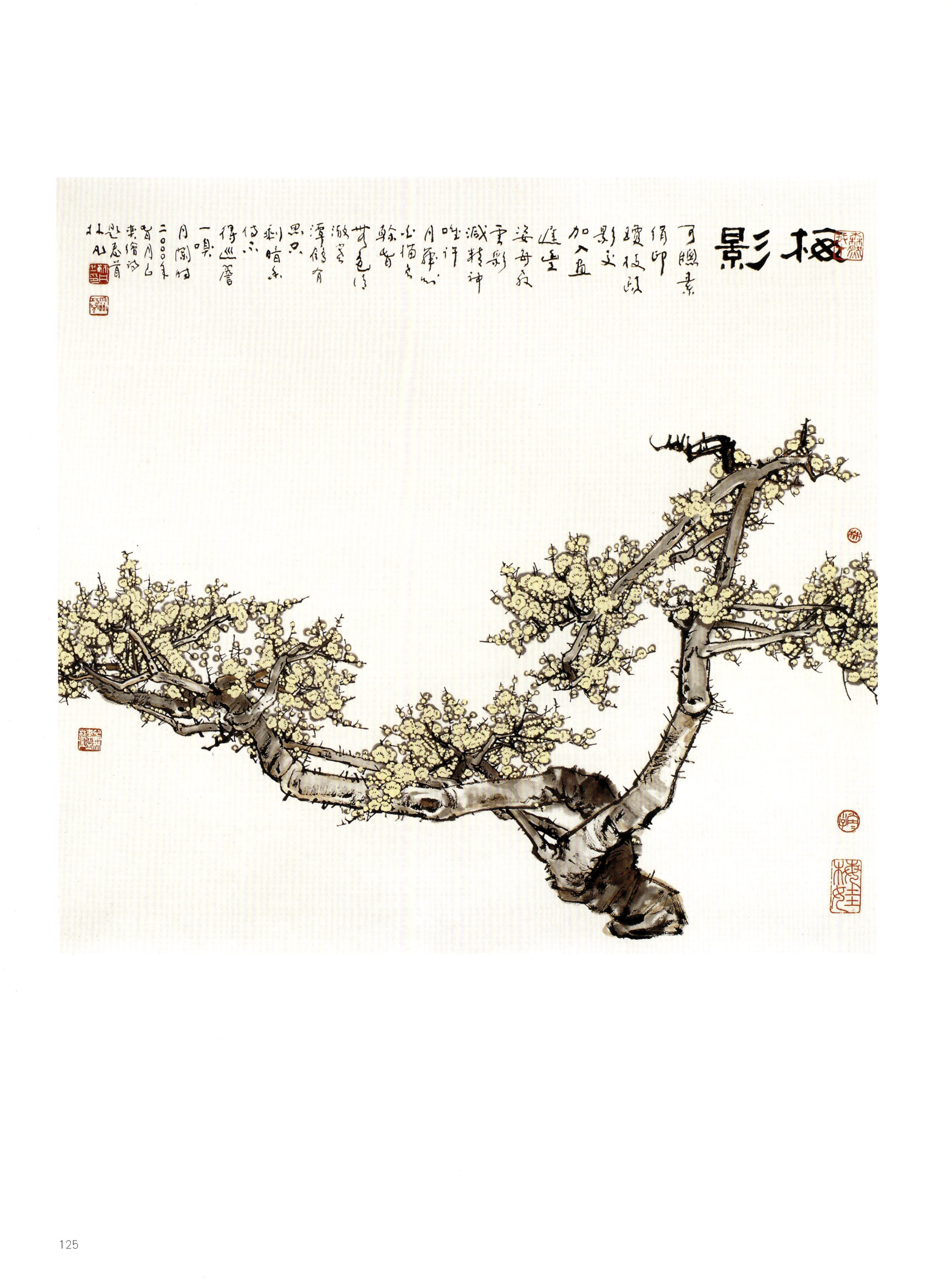

梅影

孤根枕石

纸本 68cm×68cm 2005年

题句

雪作春寒昼掩门，孤根剥落忽还魂。
黄昏明月渔灯路，清晓浓霜牧笛村。
香彻玉肌熏醉态，粉融冻颊拭妆痕。
十年浪作游仙梦，为问罗浮几树存。

款识

乙酉夏月作冬梅，用以怯暑招寒而已，时偕影子寓碧水。林凡。

印章

佛像（朱文）林凡之鉢（朱文）堂堂小子（朱文）
白竹园主（朱文）林凡之印（白文）影（朱文）
灵巧儿（朱文）梦绕蓬莱（白文）

评介

林凡先生自称此作在技法上有较多新意，癯瘦之身，依于卧石上，是不是正作游仙之梦？

回眸一笑

纸本 90cm×85cm 2005年

题句

无言妙意有谁知，尽在回眸一笑时。
孤花幽谷迷离画，大宇希声绰约诗。
静处梦魂无着落，宁时茗酒亦参差。
月明子夜归何处，一树村梅傍短篱。

款识

乙酉录旧作。林凡。

印章

佛像（朱文）堂堂小子（朱文）
梦绕蓬莱（白文）林凡之印（白文）
影（朱文）白竹园（白文）

自注

此予六年前旧作，与同时所作多本，皆一并嫁去。沦落何方，不可知也！（林凡）

林注：「宁」时茗酒亦参差。误书为「宇」。

抱石遗香

纸本 68cm×136cm 2007年

题句

汉韵唐风育我骨力，春花秋月即此文章。

款识

丁亥初冬作此于小罗浮诗林。林凡。

印章

堂堂小子（朱文）梅娃（朱文）佛像（朱文）林凡之印（白文）影（朱文）

评注

每一位见到此作之人，都会为先生的巧思所动。花、石、泉似乎都为先生的画梅元素。信手拈来，皆成妙构。（严岚）薄雾濛濛，幽潭流韵。与先生早年所作，似乎「实」于「虚」。（方文）

春坡玉结

纸本 68cm×136cm 2007年

题句

玉笋瑶篸山态新，山溪正好浣缁尘。桂林风土君须记，闻说梅花也瘴人。璚房璚室路幽微，晨降云軿万玉妃。记取年年石幢侧，仙人剪水作花飞。

款识

丁亥冬月获扬州八怪纪念馆函邀，将于明春举办扬州新八怪画展，乃作横帔梅花数帧应命。并录金农咏梅诗两章，弁于画首。王影亦与焉。林凡。

印章

尚意而已（朱文）

堂堂小子（朱文）

林凡王影长年（白文）

林凡之印（白文）

影（朱文）梅娃（朱文）

评介

此为先生以三株残梅构成，并缀以多拳山石。在先生作品，较少见此。清人作《病梅记》，谴世之故作病态矫情之美者。而先生独好清癯窈窕之美，艺术之轩轾恕怼不同乃尔。一叹！

記取年年石幢側
仙人剪水作花飛

小院争春

纸本 69cm×140cm 2007年

题句

酸风苦雨已无痕，画尽幽花写尽魂。粉蕊篱边太零落，绿云天际可温存。银笺一纸留残句，锦札双签寄故园。柱杖扶携龙口岸，海涛初静月黄昏。

款识

影子已六十年不归故里，近年多方寻觅，终无所获，日前友人又言及此事，乃有重游龙口之计，或能于山穷水尽之馀，得园旧梦。丁亥冬月作此于小罗浮。林凡。

印章

尚意而已（白文）

堂堂小子（朱文）梅娃（朱文）

林凡之印（白文）影（朱文）

评注

此作似有情节可寻，山村况味，意度清新，与作者一贯苦涩之情，似乎大异其趣，应以另类手笔之雅调视之。（严岚）

读画诸君，应对两树所挂酒葫芦投以专注。花尚勾连，而醉者可能已醉卧短墙外了。（方文）

黄梅赞

纸本 68cm×136cm 2009年

题句

江国千山泣杜鹃，杨高柳老尚缠绵。
一生呜呃临唐帖，双泪滂沱吊楚渊。
诗酒年年多誉毁，歌吟夜夜作游仙。
寒山冻水无姿态，画尽梅花又一年。

款识

先生老矣所作梅花数百本，
流布人间藏于何家，悬于何室，
实不计亦知也，丹青托命不妨
留于后人和少年也。
戊戌六君子之康广仁。
有好花留得与人看，
当可为此解作证。林凡。

印章

十分春（朱文）林凡（白文）
独孤一羽（朱文）极而后达（朱文）
不干风月（朱文）自见其美（朱文）
孤吹（朱文）百年后定（朱文）
水月在手（朱文）

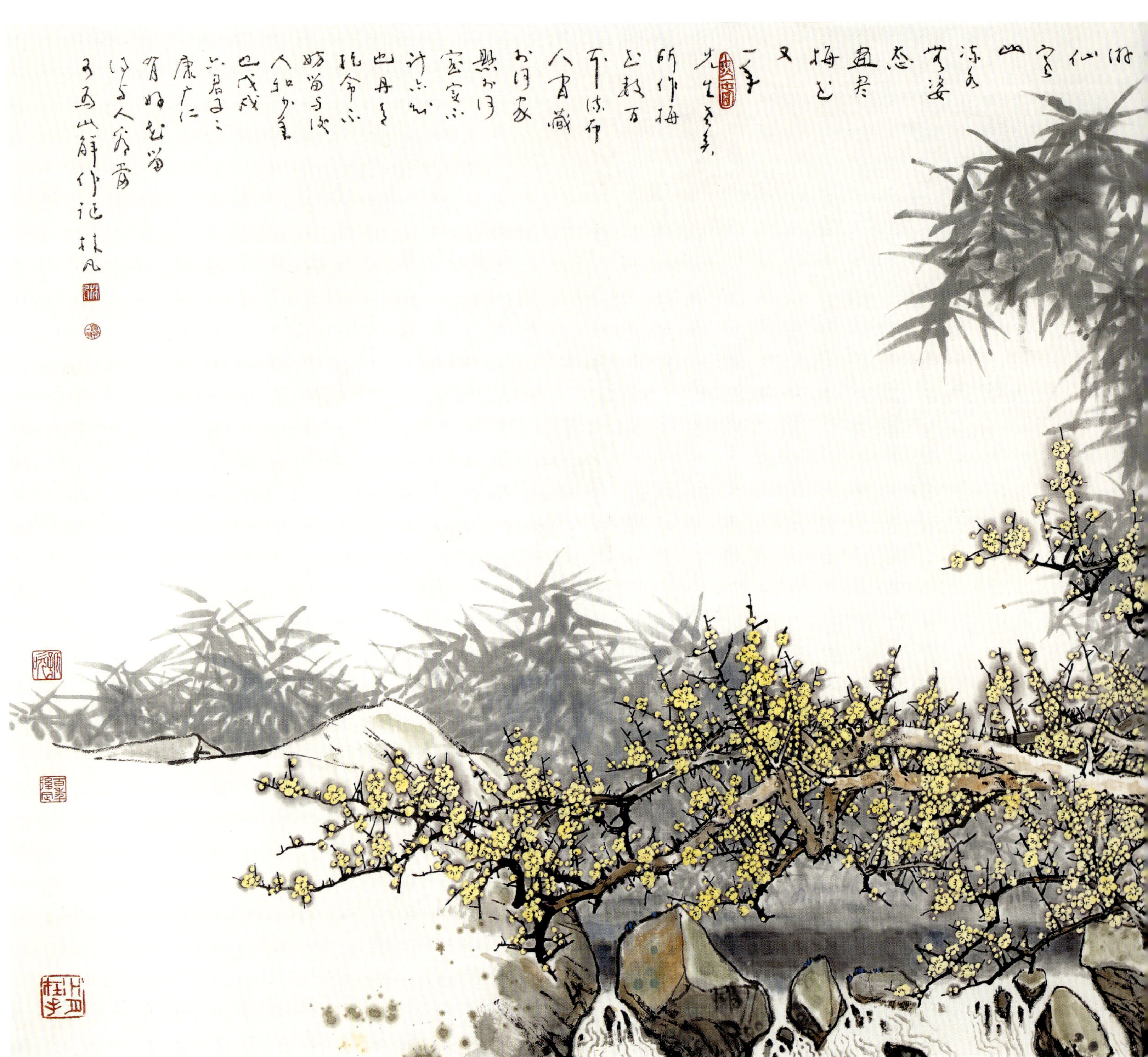

影浮天际月

纸本 68cm×68cm 2005年

题句

影浮天际月，香动酒阑人。

款识

乙酉夏月。林凡。

印章

佛像（朱文）林凡之印（白文）

影（朱文）白竹园（白文）

堂堂小子（朱文）梦绕蓬莱（白文）

评注

浙东一带山村，多种梅，

高低错落于岩边村道间。

此作与先生一速写稿极相似。

源于生活，大概就能如此。（方文）

后村诗意

纸本 68cm×68cm 2006年

题句

后村（后村先生莆田人与予同里）
先生作梅花诗多组，皆别饶佳趣，
先生曾咏落梅诗得祸。搁笔十年，
乃重张诗帜，后除枢密院编修官，
以文名久著，赐同进士出身。
在文学史上写梅花诗多而且精。
如：到得披离无意绪，精神全在半开中。
薄寒且为花愁恼，何况开时在雨中。
要识梅花无尽藏，人人襟袖带香归。
皆抒写人与花之特殊情感，深入字里行间。

款识

林凡。

印章

心无尽藏盦（朱文）小涤河山（白文）
林之影（白文）鱼（朱文）林凡书画（白文）

评介

此作长款，不题诗而对后村先生
作了粗略介绍。以画境度之，
当为雨后。（方文）

古院寒苔

纸本 68cm×68cm 2005年

题句

冻禽塌翅飞，模糊见人影。林寒夜未开，一院古苔冷。

款识

问陶先生此二十字，写得极饶王维风味。林凡。

印章

佛像（朱文）堂堂小子（朱文）梦绕蓬莱（白文）林凡之印（白文）影（朱文）白竹园（白文）

评介

先生对船山先生诗，十分赞许，所录二十字，确饶新意。整幅梅花，置于画中，而干根留于画外，为少见之作。

梦里故园花

纸本 68cm×68cm 2005年

题句

闲中诗草如春笋，梦里梅花满故园。

款识

乙酉秋月，小罗浮诗林至今尚未竣工，心殊忐忑，影子又在病中，乃作画自遣。林凡。

印章

佛像（朱文）白竹园（白文）

林凡之印（白文）影（朱文）

堂堂小子（朱文）梦绕蓬莱（白文）

自注

予行年八十，尚在作求田问宅之想，贪心不已，致使生活困沦。尔后当力戒此病。此作衬以树影，曾于余宅后偶见此景。（林凡）

老梅多情

纸本 68cm×68cm 2006年

题句

啼鸟有时能劝客，老梅无恣更多情。

款识

辛弃疾词中有前句，丙戌冬月作，予窜易后句题于画首。林凡。

印章

大块馀妍（白文）林凡书画（白文）林之影（白文）鱼（朱文）

评介

先生此作中之石笋，为扬州友人赠植园中。画忌满，而先生此作乃唯一布满画笺者，偶一为之，亦有奇趣。而三株石笋，尤增怪异之感。（方文）

千林独秀

洒金纸本 68cm×140cm 1998年

题句

故国千林泣杜鹃，虹桥柳老尚吹棉。一生呜呃临唐帖，大哭滂沱吊楚渊。诗酒年年成积毁，歌吟夜夜作游仙。残山賸水无姿态，画尽梅花又一年。

款识

戊寅夏月大暑作此逭热，时香港大展在即，日日迫促灵娘亦为损瘦奈何。林凡。

印章

古人应笑我（白文）

诗酒三生（白文）

林凡无恙（白文）

灵巧儿（朱文）影（朱文）

评注

此作与尔后之作有较大不同，殊有深致。（方文）

罗浮迎日

纸本 68cm×136cm 2005年

题句

罗浮寂寞常迎日，今古平章无尽诗。

款识

乙酉孟夏之夜作此于小罗浮诗林，至今诗林尚无一树梅花，至憾也。林凡。

印章

堂堂小子（朱文）梦绕蓬莱（白文）

踪迹大化（朱文）佛像（朱文）

林凡之印（白文）影（朱文）

评介

先生此作与前幅之《千林独秀》在横幅构图中具有相同旨趣。似着意使横幅分开，可成两图。先生块垒在胸，无可而又无不可。整册画图中，竟无一同调。先生脑际横塞多少构想，未可预为之卜也。习者，幸深入玩味！（严岚）

斗香

纸本 68cm×136cm 2009年

题句

一花香十里，何况满枝开。
承恩不在色，谁敢斗香来。

款识

乙丑晚春，林凡窜易前人句。

印章

佛像（朱文）阿凡（朱文）
影（朱文）白林园主（朱文）
堂堂小子（朱文）林凡之印（白文）

山箫引

纸本 68cm×136cm 2009年

题句

林野为家，暗香满室。山箫惊梦，疏影横窗。

款识

乙丑。林凡。

印章

极而后达（朱文）美意延年（白文）林凡（白文）独孤一羽（朱文）滁龕（白文）水月在手（朱文）

孝臧先生词意

纸本 68cm×68cm 2007 年

题句

少年不作消春计，辜负酒旗歌板地。好天良夜杜鹃啼，今日逢春须着意。斜阳烟柳回肠事，小雨梅花千点泪。等闲寻得眼前来，欲避春愁除是醉。

款识

丁亥岁末作此于小罗浮诗林，并录朱孝臧词弁于画额。林凡。

印章

尚意而已（白文）堂堂小子（朱文）

林凡之印（白文）

影（朱文）梅娃（朱文）

林注：款识中孝臧「诗」意应为「词」意。

江南早梅

纸本 68cm×68cm 2006年

题句

江南腊尽，早梅花开后，分付新春与垂柳。细腰肢，自有入格风流。仍更是，骨体清英雅秀。永丰坊那畔，尽日无人，谁见金丝弄晴昼。断肠时是飞絮，绿叶成阴，无个事，一成消瘦。又莫是东风逐君来，便吹散眉间，一点春皱。

款识

丙戌冬月灯下作此录苏东坡词，此词咏柳而余画为梅，似不相类然末句东风逐君来，便吹散眉间，一点春皱，又十分相类。林凡。

印章

大块余妍（白文）林凡书画（白文）

林之影（白文）鱼（朱文）

心无尽藏盦（朱文）

评介

先生故意以咏柳之词题于梅画。先生在款识中已自作一解。丙戌之岁，先生作梅最多，且多有异调。据先生称，画成即嫁去，任其所之，不计也。（方文）

林注：林凡先生题词中「晴」误为「秀」。「是」误为「又」。

梦回花放

纸本 80cm×80cm 2000年

题句

定回庭院天花满，梦断池塘春草深。

款识

园至上人有此句，录弁画首。林凡。

印章

心无尽藏盦艺事（朱文）

诗酒三生（白文）堂堂小子（朱文）

林（朱文）影儿（朱文）

梅娃（朱文）林凡之鉌（白文）

评介

先生此图，大量留白，为尔后诸作开先河。然竟无一雷同，之所以能如此运斤成舞，盖胸臆有万象存焉。

落霞吟

纸本 68cm×68cm 2000年

题句

东南大宙暮云遮，朵朵芙蓉付落霞。
我有素心无浊梦，谁将幽怨寄名花。
箫声剑气存文酒，画骨吟魂等岁华。
恻恻西风吹败叶，楼高月小大旗斜。

款识

二〇〇〇年春作无题诗，
今录一过以弁画首，
时偕王影寓鹏城已逾五月。林凡。

印章

林凡无恙（白文）秋林寒雁（白文）
诗酒三生（白文）林凡之印（白文）
灵巧儿（朱文）林凡书画（白文）
梅娃（朱文）

水边笼落月黄昏

纸本 68cm×138cm 2006年

题句

楳太酸寒兰太清，海棠方可入丹青。赵昌骨朽徐熙殁，我写春风上锦屏。

款识

丙戌。林凡。

印章

小涤河山（白文）心无尽藏龛（朱文）林之影（白文）鱼（朱文）变（朱文）

评介

先生善画松，多幅松树，均森森郁郁，有「五大夫」意。而此画梅之作，竟有类乔松之清苍郁勃。山中色相，峰顶烟云，竟于梅树中获见。询之先生，先生称，当于日后于苍松古柏中，着一妖梅，彻底改变观者之习惯。先生真有一种童心存于胸臆。我等当恭候其作。（严岚）

注

「五大夫」，松的别名。秦始皇登泰山封禅，风雨暴至，休于树下。因封其松树为「五大夫」。

绮霞

纸本 90cm×180cm 2005年

题句

绮霞弥漫影莹莹，水天幽占几多情。
画本诗才开翠屋，晓雾蛮花掩绿屏。
蹉跎老我浮生梦，料峭寒依醉里名。
今宵明月何方照，寸心自远夜闻筝。

这是一首没有草稿的诗，
经修改后重书一过如次。

绮霞弥漫影莹莹，幽占东山北海情。
画本诗才开翠屋，蛮花晓雾展银萍。
蹉跎老我浮生梦，瑟缩欺依劫后枰。
小月今宵照何处，疏梅落蕊悄无声。

款识

乙酉作于鹏城。林凡。

印章

尚意而已（朱文）堂堂小子（朱文）
极而后达（白文）梅娃（朱文）
林凡之印（白文）影（朱文）

评介

此画清雅迷蒙，确有「晓雾蛮花」之状。五年前，先生作画，并信手拈来诗句题于画首。后对诗作改易一遍，重新录于画上，此种作法，前所未见，真诗画奇观也。画已嫁去，获此妙作者，宜深宝之。（方文）

幽谷流香

纸本 68cm×138cm 2000年

题句

小绿作风寒浸月，翻翻吹透皂罗袍。含情乍试槐花水，斗趣初泥箬叶醪。万树新红花列阵，经宵宿醒笔如刀。灵娘说有阵王助，七步轻吟意兴豪。

款识

岁在庚辰春月，作此并题旧句。林凡。

印章

太息乾坤（朱文）
林凡王影长年（朱文）
作草木知心（朱文）
踪迹大化（朱文）
林凡无恙（白文）
灵巧儿（朱文）

评注

此类构图尚有多幅，然各饶特色，所谓千花竞秀，自有可人处可称道，宜其特出。

芦沟晓月

纸本 68cm×138cm 2005年

题句

子夜孤舟载酒行，芦沟笼月梦笼情。心曲半通书未展，一襟春泪忆南溟。

款识

乙酉夏酷暑影子为拍卖山花一画奔忙近月，录此志感。林凡。

印章

林凡之钵（白文）堂堂小子（朱文）

梦绕蓬莱（白文）佛像（朱文）

林凡之印（白文）影（朱文）白竹园主（朱文）

评注

据王影老师称，此诗为老师拍摄《玫瑰天涯》外景时所作。以手机逐字逐句，传于林凡先生。至今，老师书斋中仍悬有林凡先生之书法原作。（严岚）

先生此图作双梅并列，或可视为严岚先生评注之注脚。先生情溢于外，必情盈于内，以故，宜其外泛也。（方文）

红云春早

纸本　68cm×136cm　2005年

题句

小风小雨小蓬莱，一方净土尽诗才。玫瑰早春围宅种，诗人小帽杖藜来。深情携入乌檀木，心血浇成玛瑙杯。勃勃小楼三百米，夜眠晨兴点山梅。

款识

乙酉夏月，正值抗日六十周年，每一读报，辄心情激越，而小泉之辈仍张扬不已，可恶之极。林凡。

印章

踪迹大化（朱文）佛像（朱文）

林凡之印（白文）影（朱文）

堂堂小子（朱文）梦绕蓬莱（白文）

评介

闻先生言，此画与前幅作于同时。故予有情溢于外，必情盈于内之说。先生闻之，竟莞尔一笑。（方文）

春寒收艾纳

纸本 68cm×136cm 1999年

题句

辨得孤吟为写神，花光何必更传真。细看古道临风树，疑是西厢待月人。半醉半醒烟外玉，欲无欲有雪中尘。绿衣起舞罗浮梦，知有凡间几度春。

款识

公元一九九九年二月传媒报导南京梅花盛开，因挈蓝姬往观。林凡。

印章

灵巧儿（朱文）堂堂小子（朱文）吾到南来（白文）极而后达（白文）林凡书画（白文）

评介

《花光梅谱》，俚俗不论，先生每薄之。证之各种画册亦不见花光梅作。然史之称擅画梅者，必举花光，令人称奇。先生每画必题，此作题于画之下方，亦奇也。

水流花放

纸本 98cm×138cm 2006年

题句

因爱梅花住武林，换人岁月已侵寻。
水边竹外相逢瘦，一朵花开一片心。

款识

丙戌录宋人句。林凡。

印章

鱼（朱文）林凡之印（白文）
灵巧儿（朱文）小涤河山（白文）
林凡书画（白文）

评

与此相同诸作，此帧最获先生首肯，上枝横展于上，下枝偎依于侧。构图向为先生所重，此又一例也。（严岚）

南园玉笛

纸本 68cm×138cm 2008年

题句

昨夜南园吹玉笛，
今朝东阁绽金花。

款识

戊子夏月应玉菲艺寮主人之约作此。林凡。

印章

林凡王影长年（白文）
堂堂小子（朱文）
滌龕（朱文）
林凡之印（白文）影（朱文）
林凡印信（朱文）

评介

此为一以黄色为主调之作，异品也。（方文）

往者，谈梅必以风雪冰霜相映衬。然先生称，岭南、滇、桂之间，亦多梅花，逋逾五岭，即一片葱绿，逾冬不衰。故先生有此作。粤地诗家之作，亦不与北地诗家咏梅相同。皆自然地理不同使然也。先生尝言：梅，引春之花也。此论的当。此画予尤爱之，惜已为山东某人购去。

（严岚）

今朝東閣綻金花

芳春

纸本 68cm×136cm 1998年

题句

春色入芳梢，点缀万枝红玉。莫道怕愁贪睡，倚新妆如束。纷纷桃李太妖娆，相对夜阑烛。记取疏花横处，有暗香飘馥。

款识

戊寅夏月大暑，南方洪水为虐，写此以志。时王影将有大连之行，予亦当随行焉。林凡画并题。

印章

古人应笑我（白文）诗酒三生（白文）影（朱文）林凡之印（白文）

评介

此画浓重而爽健，与先生近作不类。此史家研究画人风格变化之最好例证。

自注

款识中，有影子将赴大连之句，不知何故。余作此画，录此词皆不与余习同，当倩史家证之于日后。（林凡）

冰冻山寒

纸本 68cm×136cm 1998年

题句

故国千林泣杜鹃，小桥柳老尚吹棉。一生呜呃临唐帖，大哭滂沱吊楚渊。诗酒年年成积毁，歌吟夜夜作游仙。寒山冻水无姿态，画尽梅花又一年。

款识

戊寅秋月画后题旧作于卷首。林凡。

印章

心无尽藏龕艺事（朱文）堂堂小子（朱文）吾道南来（白文）书禅（朱文）林（朱文）灵巧儿（朱文）

评

先生此作有横空展袖、凌空作舞之态，后之所作竟无一与之相类。作石，亦与尔后不同。先生诗中有「年年积毁」、「夜夜游仙」之句，此先生艺术变化之关键也。识者亦宜深究。

寒雪依稀

纸本 68cm×136cm 1998年

题句

依稀寒雪浸凉波，桃李满山奈俗何。

潇洒最宜三数点，好花清影不须多。

款识

戊寅秋月写元人诗意。林凡。

印章

诗酒三生（白文）吾道南来（白文）

林之影（白文）老四（朱文）

古人应笑我（白文）

评

得「疏影」之旨。

问鹤

纸本 68cm×136cm 1999年

题句

花里相从问鹤神，何当蜕骨似西真。八千勇士冲冠气，百万巅崖辟谷人。老去但知云水癖，生来未识绮罗尘。几时心绪浑无事，闲却江头醉晚春。

款识

公元一九九九年十一月予偕王影等蹇寓岭陬，日与伧夫贪吏为伍，而更觉梅之清格高风之可贵，然灵娘亦只能徒叹世风日下也，奈何！林凡。

印章

诗酒三生（白文）灵巧儿（朱文）

秋林寒雁（白文）堂堂小子（朱文）

影（朱文）林凡之印（白文）

评

此画屈曲如盆栽梅，先生每欲删去此画，然予以为留此别格，可以证画风之转易。

（严岚）

晓吟

纸本 68cm×136cm 1998年

题句

十分孤寂偏宜晓，一味清新不染尘。

款识

九八年秋月。林凡。

另一款识

灵娘督作。

印章

心无尽藏盦艺事（朱文）

堂堂小子（朱文）吾道南来（白文）

林（朱文）灵巧儿（朱文）

评介

先生作画，先以立干为首务。

此十二年前所作，在立干作骨这一方面，有很大转变。后之所作，枝干多双勾，与工笔技法更近。

一九九八年，先生以书画展于深圳，某评家以桶木参差不齐喻选画宜严，先生深为所动。日后，曾在讲课中，多次谈及此事。先生虚怀，可见一般。作为艺术家若无此虚怀，固不可成；然又无先生「孤吹」之一意孤行，又不足以轩昂大进！

（严岚）

十分孤寂偏宜睦一味清新不染塵
八年秋月林凡

香满江都

纸本 68cm×136cm 2006 年

题句

江都车马满斜晖，争赴城南未掩扉。
要识梅花无尽藏，人人襟袖带香归。
不比群花取次开，晚香高节匹寒旃。
分明带得清癯像，故傍层冰积雪来。

款识

丙戌冬月偕影子居碧水庄园，晨起绕宅十数匝，稍憩，乃爱笔作梅花约十日功课，竟得稿二三十本，诵后山咏梅，诗中有人人襟袖带香归。忽忆八年前，同游南京梅林，俯仰留连，过午始返，归于旅次，真有襟袖余香之感。林凡。

印章

鱼（朱文）小涤河山（白文）
林凡之印（白文）灵巧儿（朱文）
林凡书画（白文）

自注

谪居山右二十年，于剧院作布景。布景，大笔之作也；工笔，小笔之作也。余此类构图，实源于布景，横展者多，与传统之「三远」法相距甚远。祸福相倚，在艺术上亦是如此。（林凡）

清浦黄花

纸本 68cm×136cm 2007年

题句

寒花如霞伴凄吟，摇动钟山十里春。清浦黄昏滋旧咏，紫金白袷浥新尘。上人作稿花为本，处士搜奇句更新。极目孝陵苍翠里，飘飘一袭绿罗巾。

款识

丁亥冬月作绿梅于罗浮精舍，时将南旋鹏城，束装北返，适友人言及建佛教园林，乃重启百亭旧梦。林凡。

印章

尚意而已（白文）

堂堂小子（朱文）

林凡工影长年（白文）

林凡之印（白文）

影（朱文）梅娃（朱文）

自注

百亭旧梦，仍然是梦而已。五年拼搏，只余得一肚子不合时宜之感。（林凡）

评介

先生此图，如展翅鲲鹏，较多变化。草泽纵横，蛮花如霞，应为先生佳作之一。（方文）

新極目孝陵蒼翠裏飄飄一襲綠羅巾

黄昏幽梦

纸本 68cm×136cm 1998年

题句

标格清高迥不群，
自开自落傍无邻。
天寒岁晏冰霜里，
春眼相看有几人。

款识

寅年秋月写元人诗意。
林凡。

印章

幽畅（白文）
林凡之印（白文）
影（朱文）吾道南来（白文）

评介

黄昏幽梦。先生此图之画境感觉深沉，是最富时间氛围之作。闻先生言，如嫁去之女，每作綦切之思，而终不可复见。亦老人伤心之念也。（严岚）

千林忆梅

纸本 90cm×180cm 1998年

题句

故国千林忆杜鹃，虹桥柳老尚吹棉。
一生呜呃临唐帖，大哭滂沱吊楚渊。
诗酒年年成积毁，歌吟夜夜作游仙。
寒山冻水无姿态，画尽梅花又一年。

款识

戊寅夏月长江东北大水肆虐作此于心旌忐忑之中。林凡。

另一款识

兰姬督作。

印章

堂堂小子（朱文）林之影（白文）
老四（朱文）幽畅（白文）
林凡之印（白文）灵巧儿（朱文）
古人应笑我（白文）

金萼摇风

纸本 68cm×138cm 1998年

题句

历遍艰危百炼身，况逢新岁是陈人。
案中柏叶盃中酒，屋角梅花劫外春。
飒沓年光今昨雨，朦瞢时事去来尘。
家家仍见桃符换，苦乐闾阎恐未均。
似识春来著地销，洒空斜撇影翛翛。
何人倚竹留茅舍，有客寻梅过板桥。
闺秀口赓才女絮，画家心赏右丞蕉。
香残炉烬山房冷，尚忆灵娘听雪寮。

款识

戊寅秋月。林凡。

印章

古人应笑我（白文）林凡之印（白文）
影（朱文）森然我在（朱文）

评注

此作为先生早期作品，着笔多在左边，而右侧之大量空白，作长款以补益其势，用法极有妙处。

碧水流香

纸本 68cm×136cm 2006年

题句

子期不可作，伯牙终绝弦。
泠泠太古音，在此幽涧泉。
泉流如碧玉，老梅听不足。
后夜月明时，还向泉边宿。

款识

丙戌冬月写腊梅，时距挈影子至扬州赏梅已十载。林凡。

印章

滌盦（朱文）小滌河山（白文）林凡书画（白文）林之影（朱文）变（朱文）林凡之印（白文）灵巧儿（朱文）

飞崖一泻送寒香

纸本 68cm×136cm 2006年

题句

在艺术中，动静相参之道，亦若笔墨相随，亦若表里相彰，亦若文质相显映，亦若世间一切事物之对映与矛盾。此种哲学命意，皆存于一切艺术创作中。今作此飞瀑流澌下的梅花，亦含此意。细参之，确能获别种灵犀，能深会此意者，始可与言艺。

款识

丙戌冬月寒夜与影子小酌，忽得此兴会，乃以为此帧之跋。林凡于点室。

另一题识

飞崖一泻送寒香，丙戌。林凡。

印章

滁盦（朱文）心无尽藏盦（朱文）
林之影（白文）
鱼（朱文）小滁河山（白文）
灵巧儿（朱文）林凡书画（白文）

佛之花

纸本 68cm×136cm 2000年

题句

佛言心净千花绽，谁有灵犀一点通。

款识

庚辰秋月圆时绘于东海。林凡。

印章

极而后达（白文）古人应笑我（白文）

哀乐人间共影（朱文）

林凡之印（白文）灵巧儿（朱文）

梅娃（朱文）林凡（白文）

暗香绿玉

纸本 166cm×131cm 1997 年

题句

暗香寒玉。

款识

子年作于京华。林凡。

林凡按

《暗香绿玉》曾载于《林凡艺术》诸集中，并多次展出。其色调沉着，画面构成单纯而有视觉魅力。惜于二〇〇九年毁于大雨之灾。今以此画殿后，以示纪念。而另一幅《清香如梦》，亦曾罹火灾。予之艺多舛多难，予之生亦多舛多难，何天帝不仁乃尔。痛哉！

印章

极而后达（白文）

林凡之印（白文）鱼（朱文）

暗香

《梅鹭图》画后

白鹭。神鸟也。暮春三月，新秧初绿，一片春意。白鹭兀立如银钉，楔于绿野，分外夺目。略有动静，白鹭成群飞起，于深绿村野和树林中，升腾如霞，极具清丽。古人有句，漠漠水田飞白鹭，状之如画。可演绎成大段深具乡思之景。予十余岁，即熟稔此诗，至今已六七十年，思之，谁不动容。予画鹭有年，多状期引领高视，凝望四野，如白衣秀士之状。每有所作，如山水花木，辄于画端缀以鹭。或一二只，或三五只，或数十只，有栖止于崖头树梢者，有延伫于水涘溪曲者，若古塞秋思、寒潭吟、御沟春、晚风诸什皆以鹭点景，久之，竟成一癖。盖情之所钟，性之所近也。一九九八年，林凡艺术大展展于香江，观者云集，且多集于有鹭诸作之前，或谓如寒潭吟之孤鹭，若屈子行吟也，晚风之双鹭，如暮霭将兴，鹭影双双，竟有今宵何处之感，而古塞秋思中之群鹭又如拥枪之戍卒，冷峻而严正。所作皆鹭也，而神情各异，实多高妙可探，乃有林鹭之称。观者或以鹭鸶为林凡之艺术符号或艺术标志，有据此施以嘲讽者，亦有施以诘责者，然以林凡风格目之者为多，予虽深为所动，然皆泰然处之。尔后读约翰·克里斯朵夫，作家罗曼·罗兰曾言，所谓风格乃一人之灵魂也。予忽觉东西两半球，睽隔万里，淹蹇如林老夫子，竟获此异国相知，不觉大快。

梅，花中之灵也。予画中以梅最多，达千百本，竟无一幅缀以鹭，近有友人自南海来，建言于画中并画梅鹭，王影亦从旁趣之，乃作此巨幅梅鹭图。以梅之寒苦，益已鹭之孤高洁白，竟成佳构，谁谓不然。

梅为花中之灵，鹭为鸟中之神，并入一图，当亦迁想妙得之果也。戊戌之岁，罹大劫，谪居山右，至今已五十载，每作白鹭，辄兴故里之思，每作罗浮，辄有切肤之感。怛切之深，情何以堪，读予画者，幸勿以轻浅率易目之也。

岁次庚寅秋月碧水池边偶见青萍飘动偶闻蛙鼓间作秋深也。林凡。

梅鷺圖
庚寅暮林凡

林壑图

绢本设色 370cm×170cm 2010年

款识

庚寅暮林凡。

印章

罗浮弄影（朱文）

林凡书画（白文）

羅浮行
辛巳春月
王影今題
林凡畫

五洲宾馆巨幅红梅工作照

罗浮行　纸本　2001 年

款识

辛巳春月王影命题林凡画。

印章

罗浮风情（朱文）

哀乐人间共影（朱文）

林凡之鉥（白文）

小涤河山（白文）

笔底人间（白文）

林之影（白文）

林凡（朱文）

注

其尺寸已不可记，但从工作照中可得出此画的相对大小。

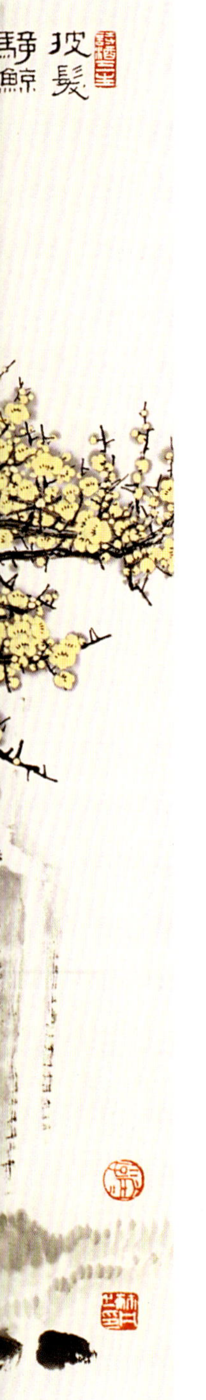

对联

溪山无伴过，风雨有花飞。

款识

齐己上人句。林凡。

印章

笔底人间（白文）影（朱文）

秋林寒雁（白文）

林凡无恙（白文）灵巧儿（朱文）

西山风雨

纸本 68cm×68cm 2002年

题句

披发骑鲸薄海歌，拈花酌酒小昂哦。

苍茫此世尘中劫，缭绕千山指上螺。

叶落中溪惊日夕，月迷前岭见星罗。

云飘万里空红壮，草木浮生古梦多。

款识

龙年春月作此并录近作，诗弁于画首。林凡。

印章

诗酒三生（白文）堂堂小子（朱文）

林凡之印（白文）林凡之印（白文）

灵巧儿（朱梅娃（朱文）

自注

此种以小对联配斗方之作，为予首创。所作近百，惜皆散失。仅存此数本纳于集中。（林凡）

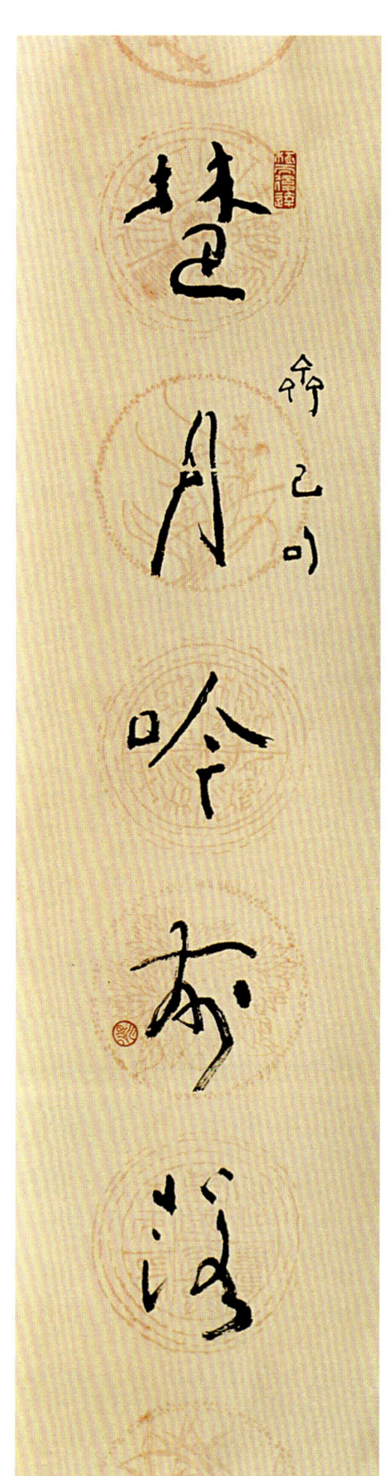

对联

楚月吟前落，江禽酒外飞。

款识

齐己句。

印章

极而后达（白文）影（朱文）

林凡之钵（朱文）林凡之印（白文）

灵巧儿（朱文）

楚月照花开

纸本 68cm×68cm 2002年

题句

高楼昨夜好风过，吹遍层山叠水坡。

飞驷霓裳千里雾，狂歌龙脊万重波。

文章名世无侥倖，诗酒萦心似薜萝。

小萼着红当吉庆，胭脂大笔点寒柯。

款识

庚辰岁首，作此以祈福祉，时偕王影寓东海花园已逾一载。林凡。

印章

极而后达（白文）堂堂小子（朱文）

梅娃（朱文）林（朱文）影儿（朱文）

心无尽藏龕（白文）

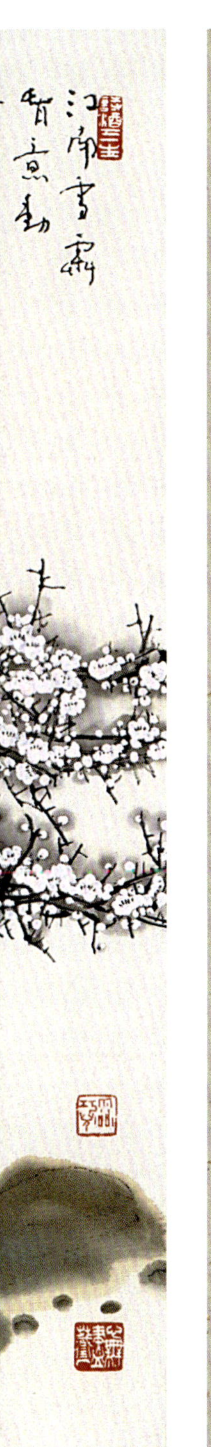

对联

情寄大江海，醉卧乱蒲菰。

款识

林凡。

印章

极而后达（白文）林凡长年（白文）
林凡书画（朱文）堂堂小子（朱文）
林凡之印（白文）影（朱文）

醉卧江海

纸本 68cm×68cm 1999年

题句

江南雪霁春意动，梅蕊梅花真可怜。
沙岸水生清自照，柴门日出暖相鲜。
题诗东乡阁愁乱，载酒西湖醉梦牵。
肠断玉人今不见，关山吹笛月明天。

款识

兔年岁首，予自港埠举办书画展归来，日日詠梅观梅画梅，王影日与俱焉。此帧乃按元人诗意作。林凡。

印章

诗酒三生（白文）灵巧儿（朱文）
心无尽藏盦（白文）
林（朱文）林之影（白文）

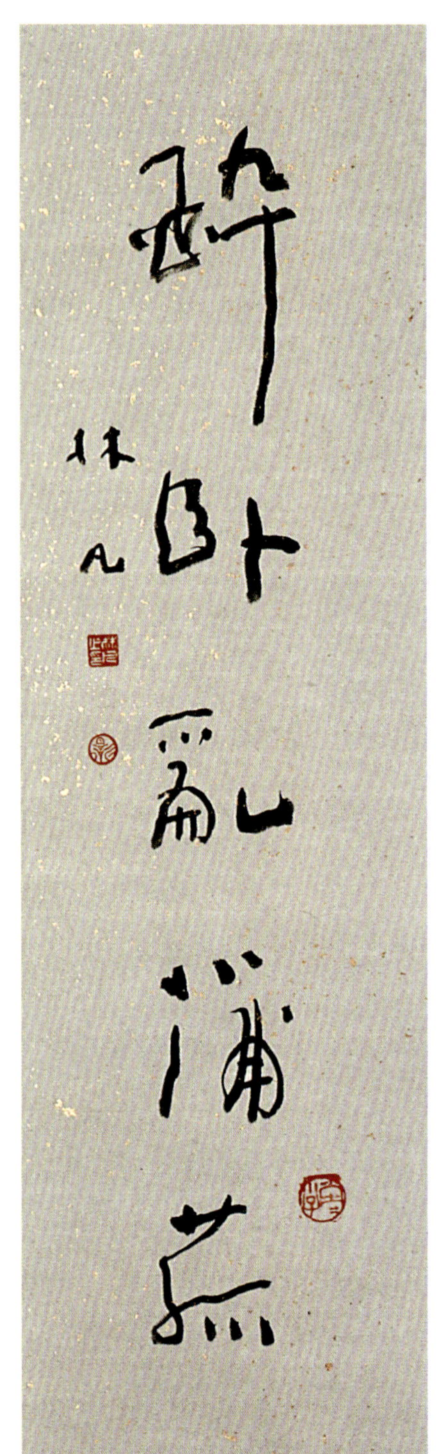

对联

幽泉秘空谷，杜鹃啼翠山。

款识

林凡。

印章

极而后达（白文）林凡长年（白文）
林凡书画（朱文）堂堂小子（朱文）
林凡之印（白文）影（朱文）

花开幽谷

纸本 68cm×68cm 1999年

题句

湖上诗人旧酒徒，十年匹马走燕吴。
于今老病干戈日，恨不逢君尽一壶。

款识

陈独秀先生为近代诗坛巨擘，
所录乃其赠沈尹默先生诗也，
兔年岁首，林凡画并题。

印章

极而后达（白文）林凡书画（白文）
灵巧儿（朱文）
点室（朱文）林（朱文）

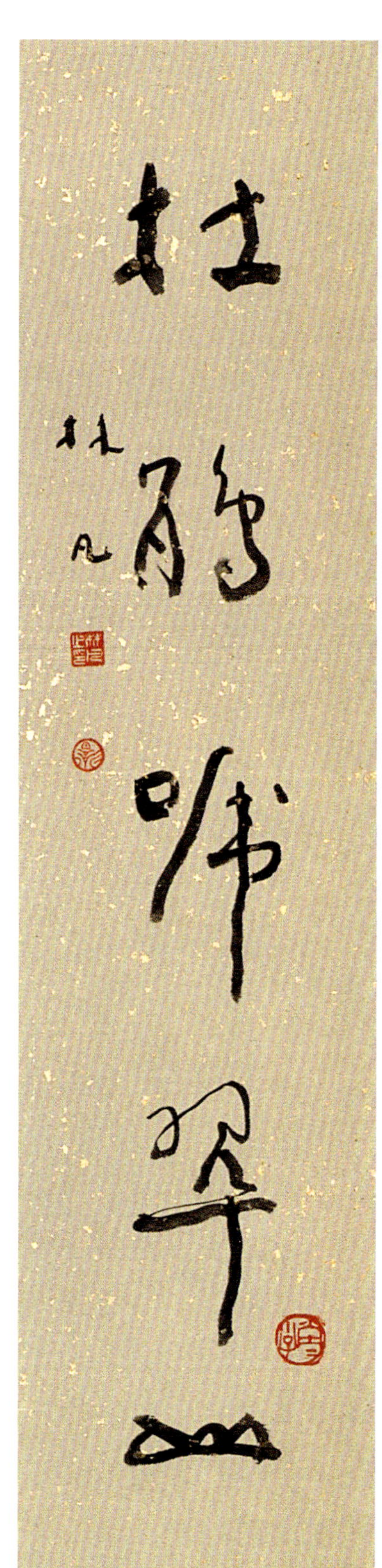

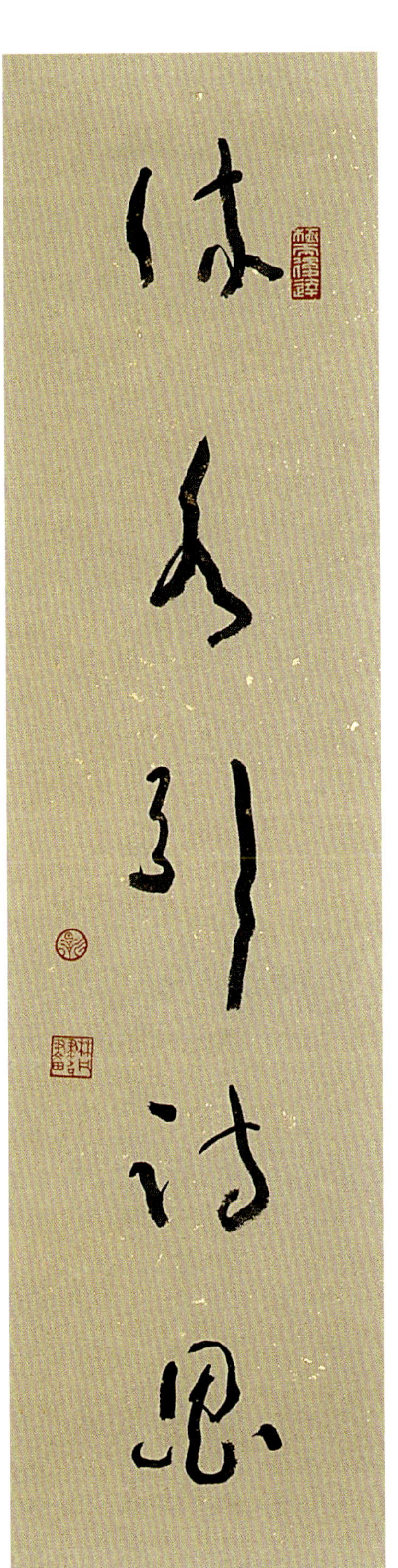

对联

流水引诗思，山花落酒壶。

款识

林凡。

印章

极而后达（白文）影（朱文）

林凡书画（朱文）滌盦（朱文）

林凡之印（白文）灵巧儿（朱文）

水流花开

纸本 68cm×68cm 2002年

题句

梅花开落无心问，愁绝莺声到枕中。

款识

林凡。

印章

心无尽藏盦艺事（朱文）

堂堂小子（朱文）

灵巧儿（朱文）林（朱文）

寒香

214cm×190cm 1997年

题句

孤翩初飞渤海滨，年年此日动清吟。
星辰事业三千里，花草精神六十春。
凤尾梵歌惊暮野，龙涎老酒醉秋林。
天涯玫瑰仍多憾，一角幽栖共畅神。

款识

客岁灵娘六十初度作此，
丁丑秋月重录一过。林凡。

印章

极而后达（白文）林凡之印（白文）

另一款识

丁丑秋月，王影以此题属予作，林凡。

印章

一节（朱文）林凡之印（白文）
影（朱文）林凡之鉨（朱文）
一树梅花一树诗（朱文）
林（朱文）灵巧儿（朱文

对联

旧梦东山，新踪南岭，一样堪珍惜；访梅北海，玩月西泠，万念总温馨。

款识

林凡。

印章

十万虫鱼伴寂寥（白文）堂堂小子（朱文）

三过洞庭（白文）林（白文）林凡书画（白文）变（朱文）

踏梅行　纸本　68cm×68cm　2006 年

题句

花下几看星月在，马蹄犹带梦魂行。

款识

丙戌冬月作粉梅于小罗浮诗林，时王影在座中。林凡。

印章

林之影（朱文）林凡书画（白文）林之影（白文）鱼（朱文）心无尽藏盦（朱文）

水月精神　纸本　96cm×94cm　1996 年

题句

水月精神玉雪胎，乾坤清气化生来。断桥流水领春回，

昨夜醉眠苔石上。天香冉冉下瑶台，起来窗外见花开。

款识

宋王从叔词，梅。调寄浣溪沙。子年冬月，偕王影五游东鲁。

此系应渠乡友所作。林凡。

印章

作草木知心（朱文）秋林寒雁（白文）林（朱文）

滌盦（朱文）一树梅花一树诗（朱文）

石畔幽花　纸本　68cm×68cm　2000 年

题句

碧海朱桑逃浊劫，幽花瘦石总孤妍。

款识

庚辰春月。林凡。

印章

堂堂小子（朱文）极而后达（白文）林凡之印（白文）影（朱文）梅娃（朱文）

对联

驿馆轻寒，羁人沉醉，梅花三弄横关塞。
古木舒空，幽花孤寂，美人一去几斜阳。

款识

林凡。

印章

十万虫鱼伴寂寥（白文）三过洞庭（白文）
灵巧儿（朱文）堂堂小子（朱文）
林凡书画（朱文）变（朱文）

梅影

纸本　136cm×68cm　2006 年

题句

昨夜幽窗，有梅弄影。
此时对月，无酒成吟。

款识

丙戌冬月写此帧于碧水庄园。林凡。

印章

心无尽藏盦（朱文）灵巧儿（朱文）
林凡书画（白文）林之影（白文）
鱼（朱文）林之影（朱文）

清香如梦

纸本 97cm×360cm 1998年

款识

丑年十月王影以此题属予作画。林凡。

印章

墨海立精神（朱文）林（朱文）

林凡之印（朱文）我马玄黄（白文）

林凡画（朱文）万象在傍（朱文）

第二次款识

扬州共拥木棉裘，为访冰心作远游。

攘臂微吟风雪夜，衡门作画地天回。

三生诗酒成宏构，百丈罗浮纳小楼。

搜得桥头驴背句，换取灵娘一笑眸。

丁丑冬月以周日之功成此画。忽灯火自爆，燃其大半，灵娘大惊，镇日如痴。而同时车遇祸几毁，予乃续纸再作，勉成如此。因录旧作，与灵娘聊堪同慰。林凡画并记。

印章

不雕（朱文）林凡（白文）影（朱文）

评注

先生此帧高过三米半，为先生竖幅中之最大者。且结构谨严，气势恢宏。虽罹火灾，然终成完璧。今在何处，先生每思念不已。（方文）

冻云（梅花四屏之一）

纸本 240cm×52cm 1997年

题句

修竹翠罗寒，迟日江山暮。
幽径无人独自芳，此恨知无数。
只共梅花语，嬾逐游丝去。
着意寻春不骨香，香在无寻处。

款识

丁丑冬月作绿梅，依辛弃疾诗意。林凡。

印章

极而后达（白文）墨海立精神（朱文）
林凡之印（白文）
灵巧儿（朱文）影（朱文）

傲霜（梅花四屏之二）

纸本 240cm×52cm 1997年

题句

寄声明上旧花魁，可有逋仙行辈来。
青鸟经年芳讯杳，春风笑口为谁开。
踏破溪边一径苔，好山秀水少人来。
梅花开处怜无伴，笑折新枝当酒杯。
月下相逢识为真，晓来标格逾精神。
林逋仙去芳盟冷，谁是花前具眼人。
何处仙游梦觉迟，罗浮山下赴春期。
一声吟傲霜天角，正是参横斗转时。
插花贮水养天真，潇洒风标席上珎。
赢得世间传故事，纷纷总是效颦人。

款识

林凡画梅时偕王影八下鹏城归来，录元人五绝句于新作卷首。

印章

太古无法（朱文）林（朱文）
如此而已（白文）影（朱文）
林凡书画（朱文）灵巧儿（朱文）

寒月（梅花四屏之三）

纸本 240cm×52cm 1997年

题句

千树家园锁旧津，不须踏雪下前邨。
须知雹雪水云窟，自有罗浮冰雪魂。
横水馆，椅楼门，参旗有约近黄昏。
此中有句无人见，谁在樽前领略春。

款识

丁丑冬月写梅数十本，时距予于京城首次画展仅七十日。林凡。

印章

极而后达（白文）灵巧儿（朱文）
堂堂小子（朱文）
林凡画（白文）林凡书画（白文）

春雪（梅花四屏之四）

纸本 240cm×52cm 1997年

题句

邓尉寻春驿路长，美人林下寿阳妆。
如今画里依稀见，忆别江南又十霜。
最耐冰凄雪苦天，孤根回暖发春妍。
竹篱茅舍黄昏月，一半精神不在烟。

款识

丁丑冬月王影趣予作此，林凡并题。

印章

极而后达（白文）林凡之印（白文）
灵巧儿（朱文）林凡书画（白文）

碧云黄叶（篆书）

纸本 31cm×63cm 1997年

款识

林凡篆。

印章

作草木知心（朱文）影（朱文）林凡之鉨（朱文）林（朱文）

太古无法（朱文）林凡之印（白文）林（朱文）凡（朱文）

纸本 31cm×63cm 1997年

题句

清风含笑咏，明月混希夷。

款识

丁丑林凡为小兰画梅。

印章

林凡之印（白文）林凡（白文小印）影（朱文）

纸本 31cm×63cm 1997年

题句

微雨疏烟烛影寒，南园一眺一泛澜。

鸟篷明月倾杯易，白袷春风入梦难。

高格可曾拟老逋，清妍应自属芳兰。

先生已搁扬州笔，一日千遭细细看。

款识

林凡。

印章

一节（朱文）林凡之印（白文）影（朱文）

纸本 31cm×63cm 1997年

题句

寸心修未了，长寿欲何为。

款识

九五年冬月为小兰作梅。

印章

林凡（白文）影（朱文）一树梅花一树诗（朱文）

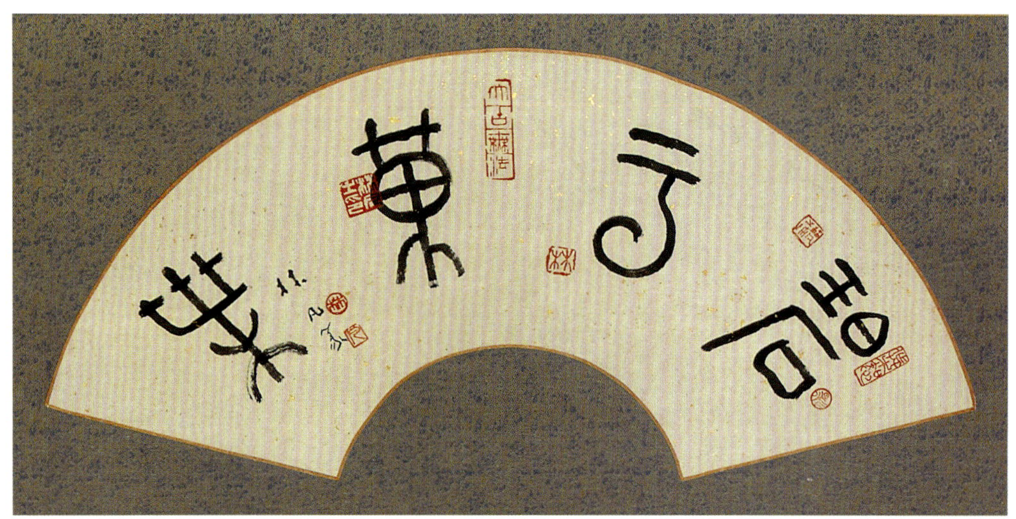

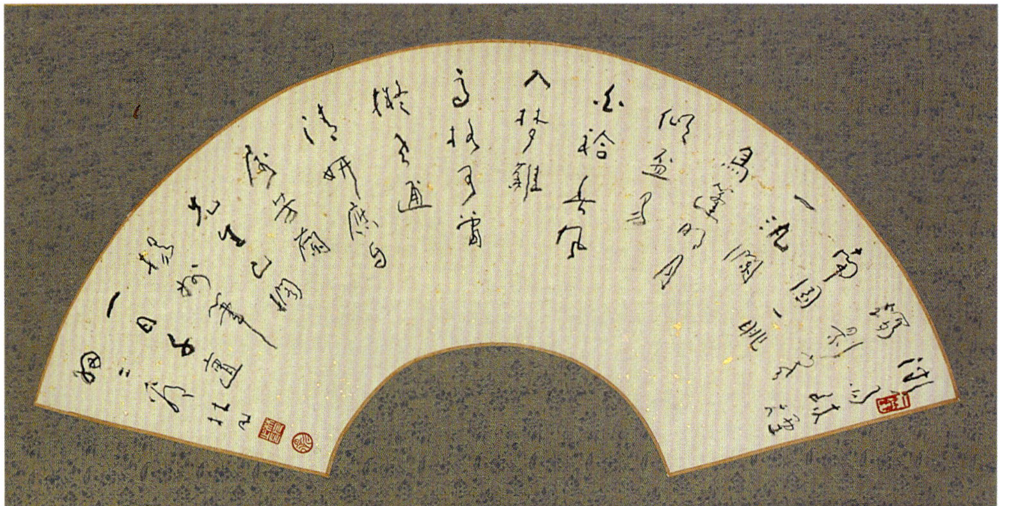

玄雨红花（篆书）

纸本 31cm×63cm 1997年

印章

点室日课（朱文）林凡之鉢（朱文）

林（朱文）灵巧儿（朱文）林凡书画（朱文）

极而后达（白文）作草木知心（朱文）

林凡（白文）影（朱文）

纸本 31cm×63cm 1997年

题句

清谣结心曲，绿酒开芳颜。

款识

林凡。

印章

来者（朱文）林凡（白文）影（朱文）

行书 纸本 31cm×63cm 1997年

题句

黄梅白板早春天，且去江南作散仙。

有酒有诗一摇曳，傍云傍水任翩跹。

款识

丁丑冬月录旧作。林凡。

印章

一节（朱文）鱼（朱文）影（朱文）

黄梅

纸本 31cm×63cm 1997年

款识

林凡画梅。

印章

一节（朱文）林凡（白文）影（朱文）

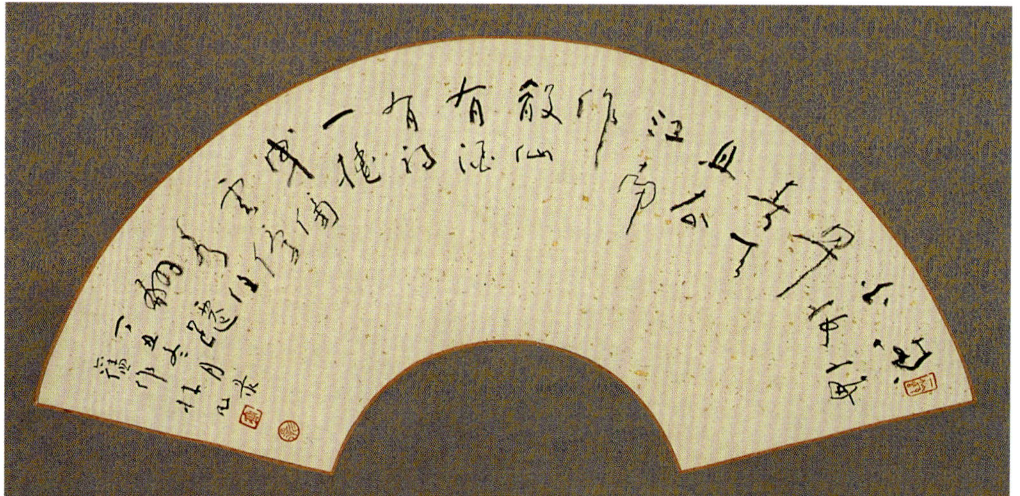

绿杨新月（篆书）

纸本 31cm×63cm 1997年

款识

林凡篆。丁丑冬。

印章

极而后达（白文）林凡（白文小印）林（朱文）
我马玄黄（白文）影（朱文）灵巧儿（朱文）
林凡书画（朱文）林（朱文）凡（朱文）

纸本 31cm×63cm 1997年

题句

心光无一字，花草亦尘根。

款识

丑年林凡。

印章

一节（朱文）林之影（白文）林（朱文）灵巧儿（朱文）

纸本 31cm×63cm 1997年

题句

高冷不宜人，萧然自绝邻。四山残月夜，孤驿小桥春。
暂对翻疑雪，清香不是尘。逋仙犹认影，谁复识其真。

款识

寄禅月下对梅。林凡题。

印章

极而后达（白文）林凡（白文）影（朱文）

纸本 31cm×63cm 1997年

题句

梦已随孤月，花犹似上仙。

款识

林凡为小兰画梅。

印章

一节（朱文）林凡（白文）影（朱文）
如此而已（白文）林凡书画（朱文）

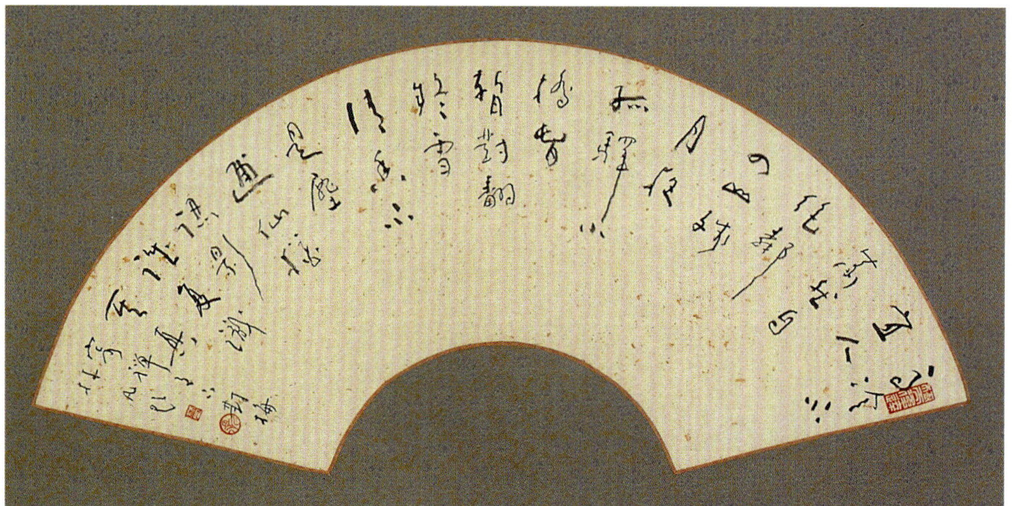

朱雀斜阳（篆书） 纸本 31cm×63cm 1997年

款识

林凡篆。

印章

林（朱文）极而后达（白文）影（朱文）如此而已（白文）

太古无法（朱文）如此而已（白文）林（朱文）凡（朱文）

粉梅扇面 纸本 31cm×63cm 1997年

题句

溪边清兴。

款识

林凡。

印章

如此而已（白文）林凡（白文）影（朱文）

纸本 31cm×63cm 1997年

题句

棠棣花开唱鹡鸰，修名一致谤随生。

一自轩辕除溷沌，无人迟暮不怆神。

款识

艾若言予画，意旨婉曲，动心彻肺，然终不获闻于纶台。

乃以二十八字报之。林凡。

印章

极而后达（白文）林凡（白文）影（朱文）

纸本 31cm×63cm 1997年

题句

如许清芬属小兰。

款识

丁丑。林凡。

印章

林凡（白文）影（朱文）齐宣九弹弓（朱文）

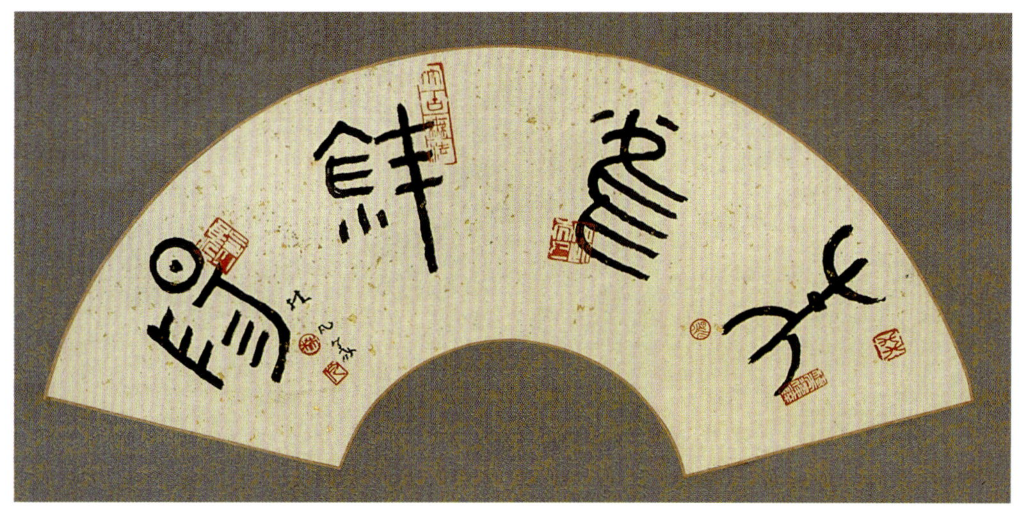

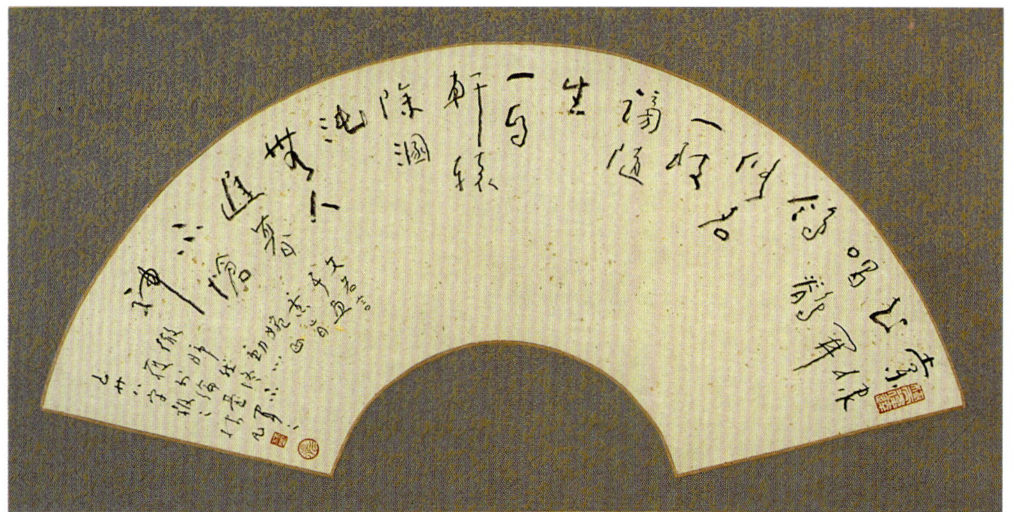

崖傍红裳

纸本 直径 100cm 2000 年

题句

麦草一窝聊缱绻，土崖三丈当昆仑。

款识

庚辰夏月林凡画。

印章

笔底人间（白文）林凡无恙（白文）

灵巧儿（朱文）影（朱文）

梅娃（朱文）古人应笑我（白文）

麦草一窝卿缱绻
土崖三丈春昆仑
庚辰夏月林凡画

绿萼凝寒

纸本 直径100cm 2000年

题句

绿萼凝寒。

款识

庚辰夏林凡。

印章

诗酒三生（白文）

林凡之印（白文）影（朱文）

堂堂小子（朱文）林（朱文）

綠萼凝寒
庚辰夏
林凡

淡尽幽花瘦尽魂

纸本 直径100cm 2001年

题句

廿年寒梦了无痕，淡尽幽花瘦尽魂。
雏蕊篱边太零落，绿云天际可温存。
锦联字字留新句，云构团团寄故园。
柱杖扶携虾子渡，江涛初静月黄昏。
香篆初园拍案凉，青灯诗卷小兰房。
缺残未必非明月，暗淡何妨是太阳。
镌刻灵魂真苦乐，皈依命运大行藏。
勾留一世称佳境，海上云横古岸傍。

款识

庚辰夏月作此并录近作弁于画首，时王影对后者做了许多修改。林凡。

印章

梅娃（朱文）堂堂小子（朱文）
秋林寒雁（白文）笔底人间（白文）
影（朱文）林凡之印（白文）
灵巧儿（朱文）古人应笑我（白文）

海沉香远

纸本 直径100cm 2000年

题句

香似海沉黄似酒，不禁风雪最迟开。放翁欲作梅花谱，蜡屐揩笻日日来。

款识

庚辰夏日录放翁句。林凡。

印章

梅娃（朱文）堂堂小子（朱文）古人应笑我（白文）极而后达（白文）影（朱文）林凡之印（白文）灵巧儿（朱文）

梅骨

林凡

在中国文化史中，梅文化占有很重要的位置。中国人喜欢谈精、谈气、谈神，恰好在画梅的各种技法和各种画谱中，也都涉及到了。绘画是一种技艺，光谈精、气、神往往感到很玄，是解决不了问题的。要结合看各种具体画法，人们就编成了竹谱、兰谱、菊谱、莲谱、梅谱，甚至松谱、石谱，种类和名目繁多。这些谱说了许多玄奥的空道理，仍然隔靴搔痒，抓不到实处。

很多谈画梅的方法，大多把花瓣的倚斜倾侧，当成要点去研究，与实际情况并不相类。它的结果与画其他花式没有区别，如果照这种方法去画成折枝，都成宋人小品中的某种极小的款式。莲花、牡丹由于花朵大，花的本身就有很多细部值得研究。如果把画莲花、画牡丹、芍药、玉兰或红棉，加以仔细玩味，确实值得深入探讨。而梅的实质，梅的精神，主要在于它把特有的挺拔、刚健、屈曲、盘绕的多种枝干当成主体来刻画，才能获得梅骨与梅魂的关系。

梅花的花瓣、花蕊和所有其他小朵花卉是基本相同的，是纤细柔嫩的。单纯去描绘花朵、花瓣、花蕊，实际上与梨花、杏花、桃花都差不多。单单论花朵、花形、花蕊，和其他木本或草本植物的花朵、花形、花瓣、花蕊差不多。它特有实际的价值，就在于花的柔嫩纤弱和枝干相互对比

所构成的强烈反差、强烈对比，它的变化不在于花朵、花形、花瓣、花蕊，而在于处理这种对比，这种反差。处理得最有生气，最有特质，就是好画，就是好画家。加上梅花是冬季顶风冒雪绽放的，联系到开花的季节就象征一种不畏冰雪风霜的特殊秉赋，特殊品质。画家所认识的梅的形象，加上画家长期研究，长期积累成的学界所构成的主观意识，对这种对比、这种反差，处理得恰到好处，乃臻上乘。

我不喜欢画折枝，就是因为小的柔条细干，无法显现出这种反差和对比来。折枝画删削了环境，取消了背景，取消了中国文化精神所包括的一切特质，把梅置于植物学标本的研究和勾描的态式下，其结果往往只有花朵、花形的局部，而无法领略梅在自然环境和艺术家自我精神影响下所显示的特殊的美来。这是舍本逐末的方法。也就是古往今来许多梅谱、画谱的最大文化缺失。

数不胜数的画谱、画法，像王概等合编的《青在堂梅谱》、朱方霭的《画梅题记》、徐荣之的《怀古田舍梅统》、王寅的《治梅梅谱》都有合理的叙述，但也都有这种缺失。其中《梅花喜神谱》，分得那么细，名目那么多，几乎无法从中理出画梅的真正法则来。玄而又玄，文而又文，尤其没有更多的创作实际意义。

绘画不像作植物图谱，艺术家不是植物学家（当然，我决不是反对对物象的具体研究）。画梅，第一是立骨，是抓住梅的精神和魂。画梅之所以不同于画其他植物，就是它有一种特殊的神态和气格，是中国人千百年来悉心研究出的特有品质。

画梅，不应当有什么定式和定则。有些著名的画梅专家所提出的「S」形结构，「X」形结构，都是欺人之谈。万象在傍，万物万象，是最搞不得半点虚假的。观察物象的定式和定格是唯一的要点。艺术只要统一起来、规范起来，就会扼杀艺术。艺术用某种固定的叙述、某种指令性的规范技法，都只能是对艺术的致命戕害。

中国艺术最可怜的现象就是毫无创造性的传承。我见过一位大名鼎鼎的表演艺术家，她教学生的方法是她自己拉着小姑娘的手，一板一节地哼，而她的学生则是一板一节地照着哼。而这位

大师她自己却完全不这样哼，而是自己创造性地体味，她是靠自己的体味和老师适当地指引，才成为大师的。如今，她放弃自己的体味而只一味地敲着小孩的手一板一节地哼，我一看到这种现象，就感到特别难过，特别丧气。

中国的艺术传承，应当完全翻过来，不要纹样，不要粉本，要人人都是设计师，要独力自主地去体会、去玩味、去创造，要拒绝老师傅那种一边拍打着你的手心，一板一节地哼的教学方法。

我这里一下子列出了我自己画梅的部分草稿，算是立骨的稿子给大家看，这决不是要大家照我的模式搬。先生，别以为有了梅骨，就会有梅魂。您这样会越搬越死，越搬越没有活力的。除非你的目的是把这些草图勾描下来作假画模式。中国最悲情的说法是所谓高仿，低仿。你照我的草稿勾描，描得最像，充其量是为高仿打底子。那又有什么出息呢？就像齐白石说的「学我者死」。我是希望大家参考我的方法再去自己创造！

创造才是艺术的唯一出路，而不是什么高仿，低仿！

中国人利用诗学中把很多具有象征意味的词句罗列出来，作为画梅的导语，什么疏影横溪，什么铁骨生春，什么凌霜照水，什么含英破腊。您不体会，不摸索，不创造，永远也达不到这种词意中的境界。千万别把这些美的文学导语，当成桎梏，扣在自己的肩上、头上，那您就万劫不复了！

我再说一遍：创造，才是艺术的生命，创造才会引领艺术的春天及早到来！

嫁画录

林凡

金农在他七十六岁时，仍一贫如洗，总是要卖画买米来过日子。有一次，他画了一幅不到十公分宽，一米多长的小长卷梅花，画上题了一首诗：

冒寒画得一枝梅，
恰好邻僧送米来。
寄到山中应笑我，
我如饥鹤立荒苔。

这二十八个字，充分地描述了他为生活窘困所作的拼搏。画，这是一个过程；小画画成了，这又是一个过程；画要寄到远处买画人的手里，又是一个过程。最后，有了上餐，没有下餐的金农，竟仍然是「我如饥鹤立荒苔」，真是形象极了！

我比金农窘困的日子，要早一些，大概从下放山西就开始，二十多岁，为了生计，到处奔忙。一直

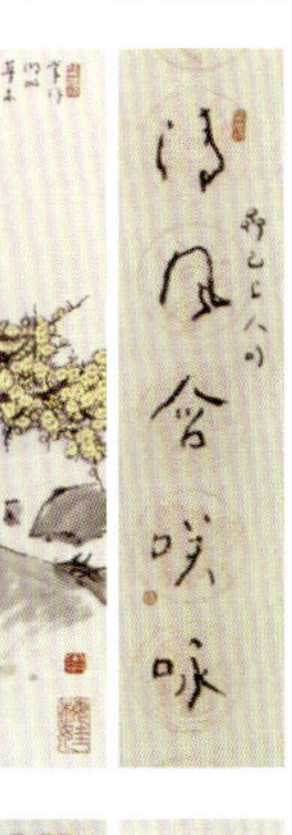

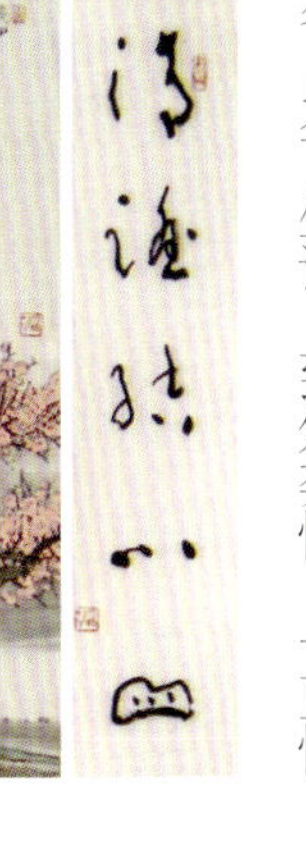

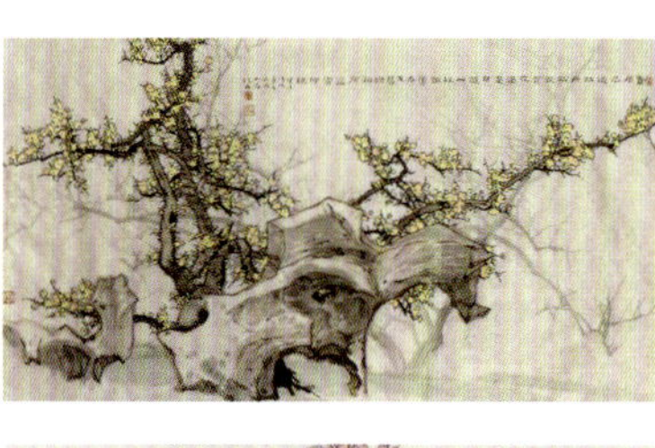

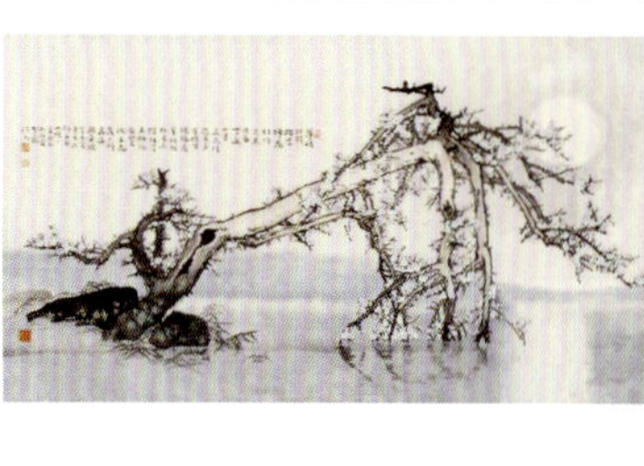

到六十多岁，仍然在卖画还债。好在我是工薪阶层，每个月到月底月初，总能领到一份菲薄的工资：四十点五元。这种过程倒只是在山西的二十年是如此。我们这一批右派，工资都被降到四十元零五角，所以我们这批右派就叫四〇五部队。回到北京以后，景况略好一点，但每月的工资仍然要用来偿还在山西的欠债。一直到六十岁左右，画也画好了一些，也有人上门买画了。在最穷困的日子，三个女儿出嫁，我都没有管过，顶多画幅画当陪嫁。好在孩子们还争气，都能自食其力，有的还成了名气比我这作老子的还「牛」的艺术家。

这里，刊载了好多像小邮票似的小画，就是我在这些年把画嫁出去的一小段记录。其实，这只是十之一二，大部分都去向不明，嫁到哪里去了，我全然不知。假如真能把所有嫁出去的画都留下小照片，也好「立此存照」，到时候，真要找上门来，靠「DNA」来验明正身也是好事。所以，我把这模糊不清的小画照片，刊出来作个「嫁画录」。

除此之外，我还有句要说的话，林凡所作的任何一件作品，都是像蔡若虹老先生说的，都是「独创」，决不重复。我的几个女儿，各是各，性格各异，但基因相同。我把这些小画影子印出来，也说明我是在认真创作，决不当誊文公。艺术要是雷同，就没有意思了。即使基因相同，也只能当作笑话说。这不像生女儿，一对双胞胎，即使都美得出奇也都不是艺术家，艺术要有个性，要有风格，但决不能雷同。雷同是骗人的事！

可惜，我这个记录只能是十之一二，如此而已，夫复何言！

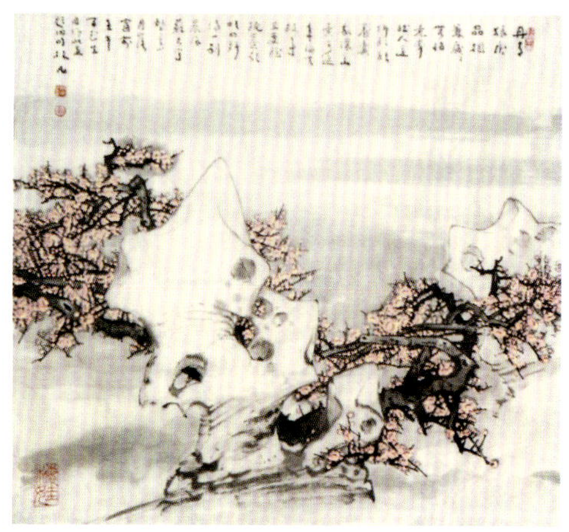

图1

图2

图3

图4

图5

图16

林凡画梅艺事纪要

一九四二年　壬午

我十二岁考入信义中学。该校成立抗敌画社，我成为抗敌画社中年纪最小的社员。从李伦先生学画梅。（图1）

一九四六年　丙戌

益阳市学门口举办胡藻斌先生画展，钮先铭先生代表国民党政府文宣机构举办的画展。这些画展中，均有梅花展出，印象极深。

一九四七年　丁亥

在信义中学李伦先生处，第一次看到《芥子园画传》（图2），其中第二集，即为《青在堂梅谱》，在该书中，获知一些画梅的初步技法。同年，在旧书肆中，购得《金冬心题梅诗集》，开始学习写梅花诗。（图3）

一九四八年　戊子

在中学课本上，读到王冕画梅的故事，深受感动。（图4）后来，从四面八方搜集王冕的梅画、梅诗观摹临习。之后，对扬无咎（图5）、马麟（图6）的作品，都多方搜集，但始终没有看到过花光和尚这位大名家的作品。后来，我从《四库全书总目提要》中，才获知这是一本后人伪托的画梅口诀一类的东西，「词旨凡鄙」，且附会着许多太极阴阳之类的诡异之说。和《梅花喜神谱》（图7）都有牵强附会、敷衍铺陈的毛病，阮元说它是江湖派人的作法，这是定评。同样价值不大。

同年，从同学家中获观《华光梅谱》手抄本，并获观同学已故父亲的许多画梅草稿。第一次看到《梅花喜神谱》，对闻名已久的此书大失所望。同年，第一次开始听唐天磨先生讲如何画梅。赴上海求学，在上海南京西路，第一次获观一个有多位画家共同举办的「画梅雅集」画展，第一次接触了各种画梅的包括吴昌硕（图8）、徐悲鸿（图9）、陈之佛（图10）以及明代陈录（图11）、唐寅（图12）的梅花作品。

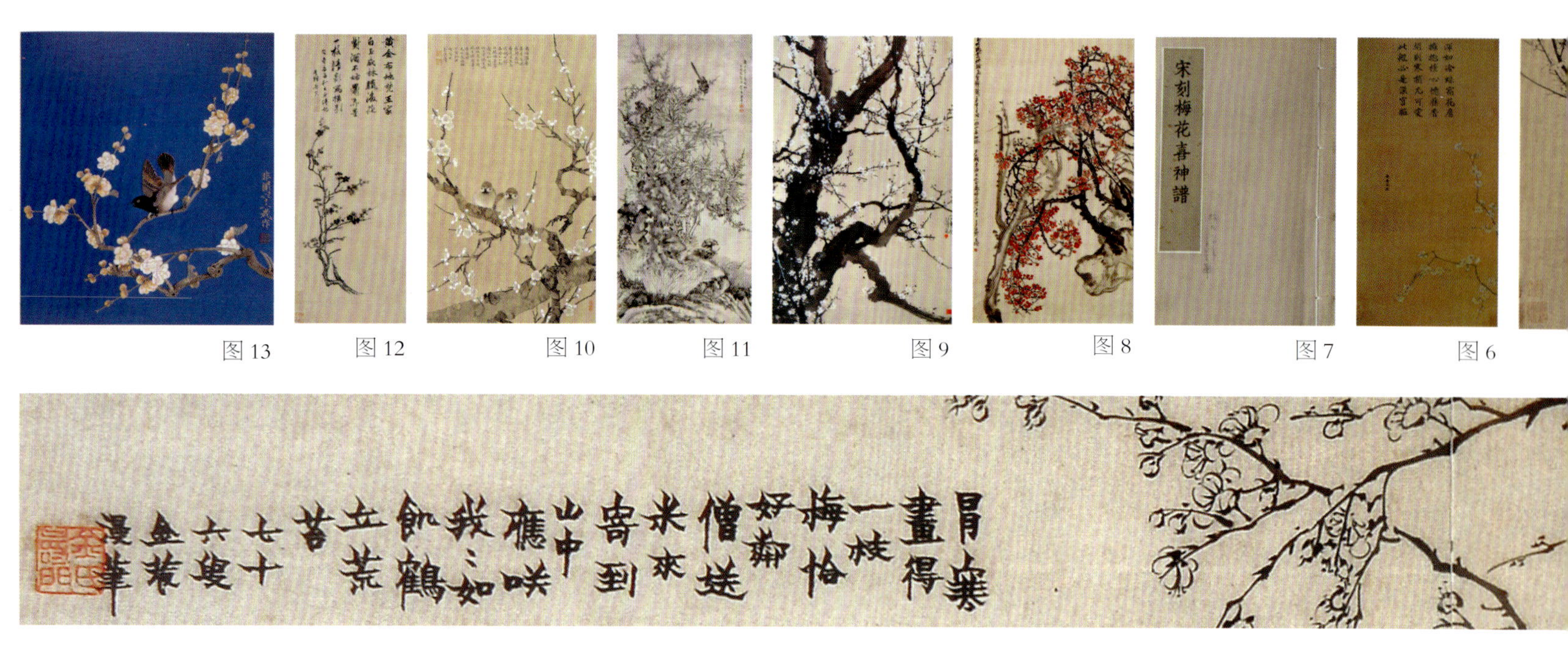

图13　图12　图10　图11　图9　图8　图7　图6

一九五八年　戊戌

工作之暇，在北京绒线胡同住所画梅，并拜访了于非闇先生，仔细欣赏了于先生的画梅之作（图13）。同年，还拜访了田世光先生，欣赏了田先生的画梅小品。

不久，即获遣下放，从此搁笔达十年之久。

一九六八年　戊申

「文革」中，居家无事，画了一些小幅梅花，惜均已散失。并曾从董寿平先生处学画梅。（图14）

在山西生活的后期，对金农在山西的种种经历，发生浓厚兴趣，乃着手撰写《金农研究》，其中第一篇《金农在山西》论文，即发表在《山花》杂志上。其后，继续搜集材料，写成了《金农编年叙录》（图15）、《金农师友录》及《金农研究》，达二十余万字。《林凡集林——孤吹集》中将全部收录这些研究金农的文章。

一九七九年　己未

女儿结婚，家中贫困，身无长物，乃作长幅梅花给女儿作「嫁妆」。此情境况与金农画梅换来无异。（图16）

一九八四年　甲子

在军艺向学生讲授梅花的故事及画梅技法。

一九九五年　乙亥

是年春，偕王影赴扬州瘦西湖赏梅，大雪纷飞，积雪没胫，在廿四桥边，获赏正已怒绽的腊梅，此一经历，为日后作梅获得深刻印象。（图17）

图14

图15

图 22

一九九六年　丙子

从此大量作梅，并于次年的林凡艺术展中，推出了扇面白梅等大量新作，其中《白梅》（一九九七年作）、《古香》（一九九六年作）、《暗香绿玉》为一九九六年新作。其后，《暗香绿玉》一画毁于雨水。

同年，再次偕王影至南京赏梅，钟山上薄雾濛濛，梅香习习，获赏了多种稀有梅种，在上一年赏梅的基础上进一步认识了梅花的特性与风神。并到扬州八怪纪念馆，瞻仰了扬州八怪中的画梅大家金农故居。（图 19）

一九九八年　戊寅

作《梅花四条屏》及《清香如梦》等极有代表意义的作品，后者不慎被火烧去半截，后以竟周之功，补画成一完整作品。此作为予立幅梅作中最佳者。

从这一年开始，帮助王影、蒋力余搜集有关咏梅的诗。直到二〇〇八年，他们编辑的《中国历代梅花诗抄》（图 20）由海天出版社出版，但校对粗疏，错误很多。渠等可能校补再版。

同年，香港、深圳、北京及以后的济南诸个人画展，上述重要展品均为在扬州、南京赏梅写生后所作的许多梅花力作，深受赞誉，于是，人称「林梅」。是时，王影作《林凡切梅》一文，更加深了这种影响。此年，《林凡艺术》大型画册出版（图 21），林凡、王影选刊了三十多幅梅花。扩大了「林梅」的影响。

二〇〇〇年　庚辰

受军委办公厅之邀，为国防部新大楼创作了长达十五米，宽两米多的巨幅梅花作品《寒香万里醉乾坤》，是为毕生最大的梅花作品。（图 22）

二〇〇一年　辛巳

为深圳五洲宾馆创作了巨幅红梅《罗浮行》，至今仍悬挂在五洲宾馆。

二〇〇二年　壬午

是年春，购别野于京北，种梅多本，多未成活，仅一本存活于画室前，为粉梅。

同年，由河南郑州张本平先生出版大页书法及梅花专集，但成书时，画梅封面与书法封面弄错了，且分量太少，品质较差。

同年，南开大学聘林凡先生为兼职教授，因为林凡先生为南开新作大幅梅花。（图 23）

二〇〇六年　丙戌

中国图书出版社出版的《中国艺术大观》出版林凡画梅专题，四封及内页大量刊有多幅梅花作品。（图24）

二〇〇七年　丁亥

受友人催促，在琉璃厂西街，举行了小型画梅画展。

二〇一〇年　庚寅

创作巨幅作品《梅鹭图》，是为所有画梅中之最有分量的作品。同年，由中华书局出版的《林凡集林·林凡画梅》一书中，集中地刊载了大量梅花作品，全面地披露了画梅的成绩。蒋力余教授作《天海布幽香》一文，评价林凡画梅的艺术成就。（图25）

同年，江西景德镇陶瓷厂制作了多幅大型瓷版梅花，是材质转换的尝试，较为成功。

此年，为了出版《林凡集林·三生知己是梅花》，收作品一百余件。并将历年咏梅对联整理出二十余副，纳入书中。书中收蒋力余《天海布幽香》及王影作《林凡「切梅」》多篇论林凡画梅的文章。其中，林凡自己写的《梅骨》一文，切实地指出了画梅的实际观念以及自己的独特看法。

图24

图20

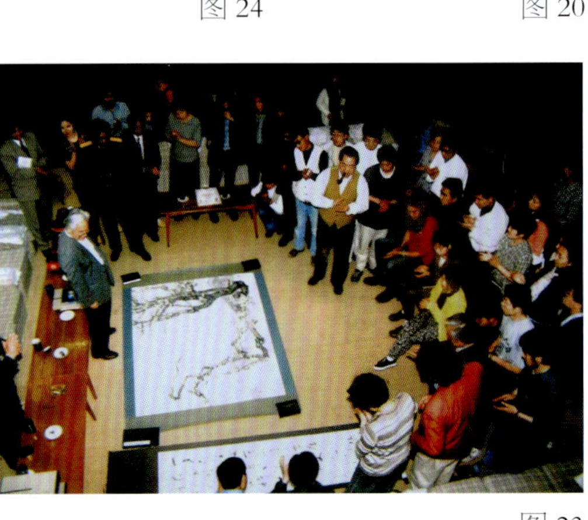
图23

图书在版编目（CIP）数据

林凡集林 · 美术卷 / 林凡著. —北京：中华书局，2010.11
ISBN 978-7-101-07657-8

Ⅰ. 林… Ⅱ.林… Ⅲ.①社会科学－文集
②美术－作品综合集－中国－现代
Ⅳ.①C53②J121

中国版本图书馆CIP数据核字（2010）第209366号

策　　划：王　影
总　　编：邵大箴
执行总编：林　阳
特约编审：周艾若　蒋力余
本书主编：王　影
责任编辑：朱振华
编　　辑：武海峰　银文慧　林天放
装帧设计：林凡 · 王影艺术工作室
摄　　影：李　亮　刘　军　武海峰

林凡集林 · 美术卷（本卷五集）
三生知己是梅花
林凡著
*
中 华 书 局 出 版
（北京市丰台区太平桥西里 38 号　100073）
http：// www. zhbc. com. cn
E-mail：zhbc@zhbc. com. cn
北京方嘉彩色印刷有限责任公司
*
787 * 1092　1/16　16 印张　24 千字
2010 年 12 月第 1 版　2010 年 12 月第 1 次印刷
印数：2500 册　定价：180 元（平装）680 元（精装）

ISBN 978-7-101-07657-8